SHODENSHA
SHINSHO

デッドライン決断術

――ムダな仕事はネグれ！

吉越浩一郎

JN264901

祥伝社新書

仕事も人生もネグる力が決めて

世界的な大不況の影響で、日本の失業率は過去最悪になったという。昨年来、「派遣切り」「正社員解雇」「名ばかり管理職」など、耳にするのは先行きが不安になるようなニュースばかりである。国内の自殺者が毎年3万人を超えるなどというのは、異常な世の中だ。

企業は生き残りをかけ、コストを下げるために、ますます人員を削減する。人が減ると残った人間は仕事が増えて、残業が多くなるという悪循環。もはや個人や企業の努力では問題は解決されないのか？「頑張っているのに報われない」、そんな実感をもつビジネスマンが多いはずである。

しかし、どんな状況でも、うまくやっている人はいる。

「定時までに仕事を終えて、会社から帰るヤツ」「予定の日までにきっちり仕事を終えて、休みをしっかりとれるヤツ」。

他人はそういう人たちを「要領がいい」「仕事が早い」などとねたみ交じりにいうかもしれないが、その人たちはどうして仕事がスムーズなのか？

それは、「判断」に長《た》けていて「決断」が下せるからなのだ。

私たちの周りには、溢《あふ》れんばかりの「情報」と、「仕事」が待ち構えている。その「仕事」や「情報」を何も考えずに、こなしていってはどんな「できるヤツ」でも、仕事は終わらないはずである。「できるヤツ」はその膨大な仕事や情報の中から、どの仕事を優先すべきか、どの情報を選ぶべきかの選択ができるのだ。

つまりこの選択できる力、膨大な情報をうまく編集し、最重要なものを見つけだして後のものは端折《はしよ》ってしまう力、いわゆる「ネグる力」が決め手になる。

しかし、そうは言っても人間はなかなか速《すみ》やかに判断をし、決断を下せないものだ。いつまでも、ああでもない、こうでもない、ああしたほうがよいかもしれない、いやこっちのほうがよいかもしれない……などと迷ってしまうものだ。そこで迷わないためには、「デッドライン」、すべてのものに締切り、時間的な制限を決めてしまうのだ。

たとえできていなくてもその時間までにこなせたものが、その時点での自分の最高のものなのである。だから、そこまででこなした仕事、考えたことで、あとは「えい、やー」と思いきってやってしまうのだ。迷って先に進めないのならそのほうがよい。

そして「この仕事を先にやる」「この情報を使う」と決めたら、捨てた情報には未練は持たない。捨ててしまったもののことを考えていても、仕事を進めるうえで何の役にも立たないのだ。

どの仕事が「優先的にこなすべきものか」「後回しでいいものか」を的確に判断し、決断するために、「デッドライン」という意識を持ってさまざまなことに取り組む。そのことによって、時間的な余裕も生まれ、仕事においても人生においても、いままでとは違った自分が見えてくるはずである。

こんな時代だからこそ、「デッドライン」の意識をもって、仕事の効率を上げ、「ライフ&ワークバランス」を考えた、充実した毎日を送ってもらいたいものである。

二〇〇九年　夏　　南フランス・グラスにて

吉越浩一郎

目次

まえがき 3

第一章 なぜ頑張っても幸せになれないのか 13

「勤勉」なのに不幸になる 14
「変化への対応」は「発想の転換」から 16
「労働の流動化」が変化の根幹 19
社長を決める過酷な「美人コンテスト」 22
「利益を上げる機械」が会社の本質 25
「派遣切り」は会社として当然の判断 28
企業は常に「良い人材」を求めている 31
本気で職を求めているとは思えない若者たち 33

「野性味」がなければ競争に勝てない　35
他人を蹴落とさなければ勝てないのが「コンクール」　38
協調性のない「一匹狼」でも結果を出せば認められる　41
「社風」に染まるな　44

第二章　こんな時代にこそ求められるデッドラインの発想　47

会社も社員も仕事は「アウトプット」で評価される　48
「プラグマティック」な大統領を目指すオバマ　49
デッドラインが「頑張れば幸福になれる会社」を実現する　52
プラグマティックな経営とは「決断を下して動き始めること」　55
仕事量は「能力×時間×効率」の三次元で考えよ　58
仕事の「優先順位」をデッドラインで明確にする　62
面倒な単純作業はＩＴ化せよ　66

ヨーロッパの「道路づくり」に学べ　69
「考えずにできる作業」は効率がいい　71
結論にいたるプロセスをパターン化して共有する　74
効率化の「仕組み」に一般的な正解はない　76
デッドラインで「判断」のプロセスを迅速化する　79
完成度を高めようとすると判断が遅れる　81

第三章　リーダーは「判断」するのが仕事　87

決断力を高めるにはデッドラインをつけろ　88
朝から晩まで「判断」を続けるのがリーダーの役割　90
「平時」と「有事」でリーダーの立ち位置は違う　92
「右向け右！」で各論反対の足並みをそろえさせる　96
「ワンマン経営者」の会社が伸びる理由　98

「決断」ができない大企業のトップ　100
パワーポイントの報告書は時間の無駄　102
「ホウ・レン・ソウ」は仕事のできない人間のOJT　104
任されなければ「仕事というゲーム」は面白くない　106
業務用コーヒーで成功した「作戦」とは　108
本社に相談なしで始めた直営店　110
論理的には完璧だが不愉快なフランスのサービスレベル　112
ストによる欠航を謝罪さえしない空港職員　116

第四章　「ネグる力」を身につけよ　123

「ホウ・レン・ソウ」の欠かせない人材は「二軍」に落ちる時代　124
教えられるのを待っている人間は「自立」できない　126
努力は裏切らない　129

メールを五分以内に返信できるか　133
社員に自分なりの「結論」を求めた早朝会議　136
「なぜ」を問いかけ続けるのがロジカル思考の基本　140
フランス式「システムD」の発想　142
正しい判断には「現場からの情報」が必要　145
上司と部下が何でも自由に言い合える雰囲気を　148
「ネグる力」を身につけよ　154
見切りをつけた仕事に「未練」は持つな　156
「ネグる」と「手を抜く」は同じではない　160
「成果主義」と「ノルマ主義」の違い　161
「I do my best」ではなく「Just do it!」　164
変化への対応は「Yes, we can!」の精神で　168
その気になれば何でも「できる」　170

第五章　個人もこの国もデッドラインで立ち直れる　173

「一〇〇年に一度」をいかに乗り切るか　174
リーマン・ショックで隠れた本質的な問題　176
「一五〇〇兆円の個人資産」に頼るのはその場しのぎにすぎない　179
「個人消費」の拡大が経済成長のカギ　182
課題が明確ならあとは実践あるのみ　185
アウトプットに責任を持たない日本の指導者　187
自己統治能力のない政治家にレッドカードを　190
「勤勉さ」を無駄遣いする日本人　194
「ワーク・ライフ・スリープ・バランス」を見直そう　197
よく眠って残った時間で働く　199
ホワイトカラー・イグゼンプションより「残業ゼロ」が先　202
「デッドライン」が「デッドエンド」を打ち破る　204

本文図版作成　日本アートグラファー

第一章

なぜ頑張っても幸せになれないのか

「勤勉」なのに不幸になる

われわれ日本人には、さまざまな美徳がある。巷間《こうかん》しばしば指摘される「勤勉さ」も、間違いなくその一つだろう。

私はこれまで長年にわたって外資系企業で働き、さまざまな国の人々と、ビジネスの現場でつき合ってきた。私が勤めた会社は、いずれもドイツ系企業だが、香港で現地人スタッフを使ったこともある。

その経験からいっても、やはり「勤勉」という点では、日本人がナンバーワンだ。日本ほど、一生懸命で真面目な働き者の多い国はない。

終戦直後の貧しい時代や高度経済成長期とくらべると、現在の日本ではその美徳も失われつつあると感じる人も少なくないだろう。だが、決してそんなことはない。世界標準から見れば、日本人は昔もいまも勤勉な国民である。

その証拠に、もし日本人が勤勉でないならば、たとえば「サービス残業」がこれほど大きな社会問題になることはないはずだ。怠け者は、ただでさえ残業を嫌がるのだから、手当てなしの残業など絶対にしない。

いわゆる「過労死」も、勤勉であるがゆえに生じる悲劇といえるだろう。この言葉がそのまま「ＫＡＲＯＳＨＩ」として英語の辞書に載っているくらい、人が「働き過ぎで死ぬ」のは日本独特の現象なのだ。

また、いまの日本ではビジネスマンの「うつ」が増加している。その先にある自殺の問題も深刻だ。もはや、年間の自殺者が三万人を超えるのが当たり前のような状態になってしまった。

そのすべてが仕事がらみではないことは、いうまでもない。だが、十数年にわたって高止まりを続ける自殺者数を、ビジネスマンのうつが押し上げているのはたしかだろう。だとすれば、これもある意味で、日本人の勤勉さと背中合わせの問題だ。

こうして挙げてみると、本来は美徳であるはずの勤勉さは、いまや日本のビジネスマンに不幸ばかりもたらしているように見える。

昔は違った。日本という国は、一生懸命に頑張って働けば、幸せになれる社会だったはずだ。少なくとも、それが幸せにつながる生き方だと信じることができた。だからこそ、誰もが勤勉になれたのだ。

ところがいまの日本は、頑張れば頑張るほど、辛い目に遭ってしまう。そんな時代になってしまったように思えて仕方がない。

もちろん、そういう人ばかりではないだろう。頑張って努力をした結果、それに見合う幸福を手に入れている人も大勢いる。

だが、うつや過労死などの現状を見ると、勤勉などという美徳は過去の遺物として捨ててしまったほうがいいのではないか、と思えなくもない。そこまでの悲劇にはいたらないまでも、真面目にコツコツと働いてきたにもかかわらず、会社の業績が悪化した途端にリストラの憂き目に遭ってしまった人も大勢いる。一方で「濡《ぬ》れ手に粟《あわ》」のような儲け方をする人々がいるのを横目で見ながら、「真面目に働くのがバカらしい」と感じている人は多いだろう。

「変化への対応」は「発想の転換」から

とはいうものの、日本人は勤勉さを捨てるべきではないと私は思っている。それがこの国の強みであることは、今後も変わらないだろうし、むしろますます重要になってくるだろうと思うからだ。

ただし当然のことながら、このままでいいというわけではない。勤勉さが仇《あだ》となって、頑張った人々に災《わざわ》いをもたらすようないまの状況は、明らかに間違っている。

では、頑張って働く人々が必ずしも幸福になれなくなったのは、なぜなのか。

簡単に結論を言ってしまえば、それは、世の中が変わったからだ。

私たち人間は、基本的に「与えられた状況」の中で生きるしかない。いわゆる「世の中」とは、この「与えられた状況」のことを意味するといってもいいだろう。逆《さか》らいたくても逆らいようがないのが、世の中というものだ。

もちろん、ときには人間の力で状況そのものが根底から変革されることもある。だが、それは大きな政治の力によるものだ。一人ひとりの個人は、自力ではどうすることもできない環境の変化に対応しながら、自分の幸福を実現するための努力や工夫をしながら生きていく。

たとえば寒い冬が訪れたからといって、太陽の高度をコントロールして気温を上げることはできない。だから私たちは、冬という「与えられた状況」の中で、厚手のコートを着たり、火を焚《た》いたりするなどして、自分で寒さに対応する。

仕事も同じだ。かつての日本人には、歯を食いしばって長時間労働に耐え、ひたすら一生懸命に働けば幸福になれるような環境が与えられていた。そのビジネス環境が大きく変わった以上、変化に対応して何かを変えなければいけない。

とはいえ、このグローバルな競争の中では、それぞれの国が自分たちの個性を生かすべきだ。よその国にはない強みである「勤勉さ」を失えば、日本人はますます幸福から遠ざかることになるだろう。したがって今後は、勤勉な姿勢は従来どおりに保ちながら、これまでとは「頑張り方」を変えなければいけないのではないだろうか。

そのためには、日本人が古い環境の中で長年にわたって身につけてきた常識や習慣を、見直すことが必要になる。「勤勉」のスタイルや方向性を変えるには、仕事に対する考え方そのものをあらためるべきだ。つまり、いまほど日本人ビジネスマンに「発想」の転換が求められている時代はないのである。

では、私たちは発想をどのように切り換えればよいのか？　それが、本書の基本的なテーマだと思っていただきたい。

これ以降も、本書では「変化への対応」というキーワードが何度も出てくるだろう。いまの時代にかぎらず、ビジネスマンに与えられる状況は、常に変化する。

状況が変化したときに発想を切り換えられず、「こんな世の中は間違っている」などと文句をいいながら古い手法にしがみついていたのでは、沈む船を黙って座視することにしかならない。吹き荒れる嵐に「こんな天候は間違っている」と難癖をつけたところで、何も得るものはないのである。

「労働の流動化」が変化の根幹

昭和二二（一九四七）年生まれの私は、いわゆる「団塊の世代」に属する人間だ。この世代が大学を卒業した一九七〇年初頭の日本では、「就職」という言葉が現在とはまったく異なる意味合いを持っていた。

私自身は二回転職をしたが、それはどちらかといえば、同世代の中でも例外的な生き方だ。当時の「就職」とは、「一生勤め上げる会社に入る」のとほぼ同じ意味だったといえるだろう。

実際、「ここに入ればその仕事に生涯を捧げられる」と信じることのできる会社が、当時はたくさんあった。

銀行にしろ、メーカーにしろ、百貨店にしろ、いったん入社してしまえば、定年退職後の生活も含めて、まずお金の心配をせずに暮らすことができる。会社とは、おおむねそういう場所だったのだ。

しかし、それは決して会社という存在の普遍的な本質ではない。あくまでも、あの時代の「与えられた状況」においては、そういう存在だったというだけのことだ。状況が変われば、当然、会社の性質も変化する。

そして実際、団塊の世代が当初の予定どおり会社を定年まで勤め上げたいまになって、企業に「与えられた状況」は大きく変化した。

そもそも九〇年代初頭のバブル崩壊以降、すでに終身雇用・年功序列の日本的雇用システムを維持するのは困難になっていた。そして、二〇〇八年九月のいわゆる「リーマン・ショック」を境に、その傾向にはますます拍車がかかっている。

かつては「一生安泰」の代表選手だった銀行でさえ、もはや定年まで勤め上げるのは難しいだろう。たとえ最後まで勤め上げることができたとしても、昔のように黙っていてもポストや給料が上がるわけではない。

日本人が「頑張っても幸せになれない時代」になった理由はいろいろあるだろうが、その根幹にあるのは、こうした雇用状況の変化である。つまり「労働力の流動化」が、以前とは比較にならないほど激しくなったのだ。

将来の雇用が保障されていた時代は、その枠の中で「一生懸命」「真面目」に働いていれば、人並みの幸せを手に入れることができた。しかし労働力の流動化が当然の状況になると、ただ真面目に仕事をしているだけでは生き残ることができない。だからこそ、日本人は「頑張り方」を変える必要があるわけだ。

バブル期の前後には、若い世代のあいだで、終身雇用や年功序列に否定的な空気が生まれたこともある。自ら積極的に転職でステップアップを図る人たちや、あえて正社員にならないフリーター的な生き方を選ぶ人たちも増えた。

しかし現在は、多くの若者が「いかに正社員になるか」を考えている。

マスコミ報道を見れば、非正規労働者の悲惨な実情は枚挙にいとまがない。厚生労働省が二〇〇九年五月に発表した「非正規労働者の雇止め等の状況について」によると、〇八年一〇月から〇九年六月までに職を失った（もしくは失う見通しの）非正規労働者は、二一万六〇〇〇人以上。その多くが、失職と同時に住むところさえ失っている。「何とか正社員に」と考える人が増えるのも無理はない。

しかし現実には、正社員になったからといって、「頑張れば幸せになれる」とはかぎらないのが現在の日本だ。正規雇用であれ、非正規雇用であれ、これからは従来と別の発想で仕事に取り組まなければ幸福にはなれないだろう。

社長を決める過酷な「美人コンテスト」

どんな大企業であれ、今後はある種の必然として、労働力が流動化する可能性がある。たとえば企業の「合併」も、それを加速させる一因だ。

というのも、いまや大銀行や有名百貨店でさえ珍しくなくなった企業合併というのは、何よりも「経費削減」が最大の目的である。合併によって、社員一人あたりの売上や会社の利益が増えるということは、ほとんどない。あくまでもコストカットによって利益を増やそうとするのが、企業の合併というものだ。

その経費削減の中でも、もっとも大きいのが人件費である。

もちろん、それ以外にも、合併によって減るコストはあるだろう。たとえばA百貨店とB百貨店が合併した場合、それまでA百貨店はある取引相手から六掛けで仕入れ、B百貨店は六掛けちょっとで仕入れていたとすると、合併後はそれをAの六掛けに合わせられれば、仕入れ値は多少下がる。それも、合併によるメリットには違いない。

だが人件費削減にくらべると、そういうコストダウンのインパクトはたかが知れている。合併でもっとも効率化が進むのは、やはり「人」だ。

なにしろ、二つの会社が一つになれば、営業部長も経理部長も総務部長も二人は要らない。会社の規模が大きくなるのだから、社員の総数を半分にするわけにはいかないが、かなり多くのポスト（それも高給を取っているポスト）で人件費を大幅にカットできるわけだ。事実、日本を代表する大企業同士が合併した結果、一方の社員がどんどん辞めていってしまったケースもある。

無論、社長も「半減」の対象だ。どのポストが二人要らないといって、トップの社長ほど二人要らないものはない。

そのあたり、とくに外資系企業は相当にシビアな状況になっている。たとえば、外国企業同士が合併したときに、日本の子会社同士も合併することになるのだが、その際に次の社長を決めるための「ビューティ・コンテスト」（美人コンテスト）が実施されることも多い。

といっても、もちろん、ステージの上で水着審査などを受けるわけではない。合併した本社から委託されたヘッドハンターが両社のトップと面接して、どちらが新会社の社長にふさわしいかを決めると聞いている。これを俗に「ビューティ・コンテスト」と呼ぶわけだ。

それも、たとえばドイツとアメリカの法人の日本の子会社同士が合併する場合など、香港あたりの第三国に両子会社の社長を呼びつけて、面接をする。結果、どちらも落とされてしまい、別の会社から社長をヘッドハンティングすることも少なくないという。美人コンテストでいえば、「優勝は該当者なし」といったところだろうか。

社長さえそうなのだから、局長や部長クラスは容赦なくバサバサと切られる。私の知人にも、これから合併する外資系企業の経営者がいるが、彼に言わせると、それによって社員が一〇〇〇人以上余るそうだ。二社合計で五〇〇〇人の社員がいて、売上の合計は四〇〇〇億程度。そうなると、その業界だと、社員数は四〇〇〇人が適正だという。それ以上は余るから、減らされる。ただそれだけのことである。実に単純な話で、慈悲も情けもあったものではない。

日本企業の場合、いまのところは、外資系ほど極端な人員整理を行うケースは少ないだろう。ホールディング会社を作って両方の会社をその傘下に置き、ゆるやかな結合にして「大激震」から逃げているところが大半だ。

しかし大胆な人員整理ができていないということは、コスト削減をやり切れていないということでもある。それでは、二つの会社を一つにすることのメリットが十分に得られない。いずれは日本企業同士の合併でも、外資と同じようなことが起こるはずだ。

「利益を上げる機械」が会社の本質

合併による人員削減にかぎらず、いまの企業社会は、従来の常識では考えられなかったようなことが平気で起こる時代を迎えている。

いまは世界全体がフラット化し、ネットワークで瞬時につながることができるので、グローバル企業にとっては、もはや各国の現地法人に会社としてのすべての機能を備えさせる必要がないとさえ言われている。多くの会社機能は人件費の安いインド、中国あるいは東欧あたりに集中させて、英語のできる現地人に任せておけば間に合ってしまう。会社によっていろいろあるようだが、ＩＴ部門とかテレフォンセンターとかはまずはその俎上《そじょう》に載っている。日本を含むそれ以外の国の販売会社には、商品の配送機能や販売機能だけあれば基本的に十分、というわけだ。

世界で儲けている会社こそ、粛々とこのような再編を進めているのが現状だ。どんな企業に籍を置いていようと、この潮流と無縁ではいられない。

その大波に飲み込まれる前に、個々のビジネスマンには、いつ変化するかわからない、いわゆる「与えられた状況」に対応するための覚悟と準備が求められる。

具体的な方法についてはおいおい述べていくが、準備の大前提として必要なのは、まず「会社の本質」をしっかりと理解しておくことだろう。

当然のことだが、会社とは、従業員に給料を払うために存在しているわけではない。それは会社の目的ではなく、目的を果たすための手段である。

では目的は何かといえば、「利益を上げること」にほかならない。会社とは、いわば「売上を高めて利益を上げる機械」なのだ。この本質をわきまえずに、これからの荒波を乗り切ることはできない。

こうした会社観に、違和感や不快感を抱く人も多いだろう。

会社が利益を上げる機械だとすれば、その手段として使われる従業員は機械の「部品」ということになる。まさに組織の「歯車」として酷使されるようなイメージだ。とくに日本人は「**GNN（義理・人情・浪花節）**」的な感受性が豊かだから、そういう形で社員の人間性を蔑《ないがし》ろにする会社には好感を持てない人が多いと思う。

私自身も、決してそういう会社観が好きなわけではない。

人間同士が協力し合って動かすものである以上、GNN的な喜びはあったほうがいいに決まっている。仕事を通じて楽しさや感動が得られるなら、それはすばらしいことだ。もちろん、給料も多いに越したことはない。「従業員を大事にする会社」は、間違いなく良い会社である。むしろ、常にそうあってほしいと思う。

とはいえ、そこには「ただし利益が上がっているならば」という条件がつく。どんなに従業員を大事にし、GNNの満ち溢《あふ》れた職場であっても、利益の上がらない会社はダメな会社といわざるを得ない。

だから会社では、あくまでも利益を上げるためのロジックが最優先される。数字上の利益さえ上がっていて、将来もそれが見込めるのであれば、たとえ従業員が不遇をかこっていても「良い会社」と評価されるのが残念ながらマーケットの論理だ。

もちろん現実には、GNNが皆無の冷酷な会社は、時間とともに業績が下がっていき、そのため評価も下がることが多い。しかし、あくまでも評価されるのはGNNの豊かさではなく、やはり金銭的な「利益」なのだ。

「派遣切り」は会社として当然の判断

したがって経営者としては、常に利益を最大化することを考えなければいけない。会社という「機械」が利益を上げられない状況になれば、コスト削減を行なうのが当然だ。そのために人を減らすのがもっとも効率がいいのであれば、それを断行する。感情面での是非はともかくとして、会社のロジックでは、それが正しい。

その意味で、リーマン・ショック以降に横行したいわゆる「派遣切り」も、世間からの批判や不満は根強いものの、会社という「機械」にとってはごく当たり前の選択だと考えるべきだろう。

そもそも会社は、さまざまな状況の変化に対応できるだけのフレキシビリティを、あらかじめ持っておく必要がある。地震で簡単に倒れるようなビルは設計者が間違っているのと同様、状況が悪くなったとたんに会社が倒れたとすれば、それは経営者が悪い。

だとすれば、いつでも人を減らせるような仕組みを用意しておくのは、会社をマネジメントする人間に与えられた基本的な課題だ。そこで、危機を迎えた際のバッファー（緩衝材）となるのが、非正規従業員の存在である。

少し前まで、日本では多くの企業が、三パーセント程度の経常利益を上げられれば御の字という状態だった。だが、いまはそのレベルの利益さえ見込めない。景気が冷え込み、売上が一気に一五パーセントも落ちたら、利益を上げられる会社はほとんどないだろう。

売上が減れば、当然、生産も減らさなければならない。従業員の数に合わせて従来どおりの生産を続けるわけにはいかなくなる。さらに長期にわたって売上が低迷することが見込まれるようであれば、店頭に立つ販売員、営業員、あるいは本社部門の人員の削減でさえ俎上に載ってくることになる。

つまり、たとえばワークシェアリングによって従業員数を維持するのも、一時的な対症療法として、一つのやり方ではあるだろう。しかし、会社そのものが潰れかねない瀬戸際まで追い込まれると、そういった対症療法では間に合わない。根治を目指す「手術」が必要だ。それが「人を減らす」ということである。

ただし経営者としては、最後の最後まで正社員には手をつけたくない。正社員を守るのが、経営者にとって最低限の責任だ。赤字を出して、それを削減することになったら、その経営者のマネジメントは「失敗」だったということであるし、それがどのような理由であったにせよ、経営者も責任をとらなければいけない。会社そのものが潰れて、正社員とその家族が路頭に迷うような事態だけは、絶対に避けたい。

だからこそ、経費をフレキシブルにいつでも落とすことができるように、会社は非正規従業員というバッファーを用意している。そこから先に切り捨てられるのは、やむを得ない。突如「一〇〇年に一度」ともいわれる経済危機が訪れ、多くの企業が一斉に非正規従業員を切り始めたので大騒ぎになったが、そもそも会社はこういう事態を想定してそのシステムを作っている。それを予定どおり実行しただけだから、驚くには値《あたい》しないのである。

企業は常に「良い人材」を求めている

それに、たとえば派遣社員の場合、その雇用に「期限」があることは契約の時点でわかっている。期限終了後に更新されなかったとしても、それは契約どおりに事が運んだだけのこと。契約とは、そういうものだ。

それでも「雇い続けろ」というのは、期限切れの定期券を持って「電車に乗せろ」と鉄道会社に要求するのと同じである。無理な相談なのだ。

もちろん、「好きこのんで派遣社員になったわけではない」といいたい人もいるだろう。本当は正社員になりたかったが、雇用状況の悪化で就職できず、やむを得ず派遣で働いている人は多い。そういう境遇は誰でも気の毒だと思うだろうし、同情もする。

しかし、だからといって「派遣切り」や「雇い止め」を行なう会社を責められるかというと、それはまた別の話だ。月並みな言葉だが、多くの非正規従業員が職を失ったのは「会社が悪い」のではなく、「世の中が悪い」としかいいようがない。

そして「世の中」とは、先述したとおり「与えられた状況」のことだ。これには誰も逆らえない。その状況が変化したのであれば、自分のほうが何かを変えて対応するしかないのである。

では、どう対応すればいいのか。

ひと言でいうなら、それは「競争に勝つ」ということだ。

たとえば派遣社員の場合も、「正社員」になるチャンスがまったくないわけではない。自分を磨いて競争にさえ勝てば、その道は開けるだろう。

というのも、企業は常に「良い人材」を求めている。それは、不況で人を減らすいまのような状況においても変わらない。いや、苦しい状況だからこそ、多くの企業がふだん以上に「良い人材」を求めているはずだ。一人で二人分、三人分の利益をもたらしてくれる社員を得られれば、会社としてはこれに越したことはない。

したがって、派遣社員をはじめとする非正規従業員に「こいつは使える」と思える優秀な人材がいれば、どんな会社でも「正社員にならないか」と声をかけているに違いない。その一方で、業績の上がらない正社員を呼んで肩を叩くわけだ。あまり表には出てこない動きだが、会社の底流では常にそういうことが行われている。人材の新陳代謝を図らなければ、会社が生き残ることはできない。

そうやって、会社の中では、正規・非正規の区別にかかわりなく、従業員同士の競争が繰り広げられている。要するに、この苦しい「与えられた状況」の中でも、自分で能力さえ磨けば生き残れるということだ。

本気で職を求めているとは思えない若者たち

ところが、派遣などの非正規従業員の中には、そういう道を自ら閉ざすような生き方をする人も少なくない。

たとえば、以前テレビの報道番組で紹介されていた若者は、大学を出ていったん正社員として企業に就職したにもかかわらず、すぐに辞めて派遣労働の世界に入っていた。辞めるにはそれなりの事情があったのかもしれないが、そういう人に派遣労働者の不安定な日常を嘆かれても、あまり深く同情はできない。

また、別のテレビ番組では、こんな若者を見たこともあった。

彼には職がなく、寝泊まりする部屋もないので、泊まり込みのできる仕事が欲しいという。そこで取材するテレビ番組のスタッフと一緒にハローワークに行ってみると、そんな希望にでも合う仕事がいくつもあった。

しかし彼は、何だかんだと理由をつけては、どれも断る。結局、すべて履歴書を提出する段階にさえいたらず、「やっぱり（自分の希望する仕事は）ひとつもありませんでした」と帰ってしまったのだ。

さらに、番組のスタッフが彼の言うすべての条件をクリアしている会社を見つけ出し面接の段取りをつけたものの、約束の日に、彼は現われなかった。その面接を受けてしまうと、自分から、働くことを断れなくなると思ったのだろう。どう見ても本気で職を求めているとは、とても思えない。

もちろん、このケースだけで全体を判断することはできないだろう。派遣切りや雇い止めで苦しんでいる人たちが、みんなこんなタイプだとは私も思わない。

だが、その気になれば仕事はあるにもかかわらず、「これはイヤだ」「あれは自分に合わない」などと選《え》り好みをしている人たちも少なからずいるのは事実だ。

誰だって、自分の適性や希望に合った仕事に就《つ》きたいと考える。それは当然だろう。しかし現実は、必ずしもそうはならない。それも、自分では何とも動かしようのない「与えられた状況」の一つだ。

ならば、いくらか妥協してでも、その「与えられた状況」に自分を合わせるしかない。とりあえず手の届く仕事に就く以外に、選択の余地はないのである。

それは、単に生活を維持することだけが目的ではない。たとえ意に添わない仕事だったとしても、そこで働き始めれば、とりあえずは「競争」のスタートラインに立つことができる。自分を磨き、能力を高めれば、いろいろなチャンスが生まれてくるかもしれない。具体的な努力もせず、「どこかに自分に合った仕事があるはずだ」と夢想しているだけでは、何も始まらないのである。

「野性味」がなければ競争に勝てない

いずれにしろ、ここで忘れてはいけないのは、この世の中には常に「競争」の原理が働いているということだ。「弱肉強食」が社会のあり方として正しいかどうかは別にして、放っておけば弱い者から順番に食われていくというのは、厳然たる事実である。それが、いまの私たちに「与えられた状況」なのだ。

そこで生き残るには、ある種の「野性味」が必要だろう。しかしいまの日本人には、どうもこれが欠けているように思えてならない。否応なく放り込まれた過酷な競争社会の中で、どうにかして這《は》い上がっていこうとする、野性的な生命力のようなもの。それが感じられないのだ。とりわけ、若い世代の男たちに野性味がない。少し前から「草食系男子」などという言葉も流行しているが、言い得て妙、といったところだろう。

実際、企業の採用担当者に聞くと、近頃の男子大学生は本当に覇気《はき》がないらしい。面接では、自分に「何ができるか」をアピールしようとせず、自分に「何をやらせてもらえるんでしょうか」という受け身の態度が目につくそうだ。何でもかんでも「社会のせい」にして自分の境遇を嘆いてみせる派遣社員や、仕事はあるのに選り好みして働かない失業者も、このタイプかもしれない。

企業の正社員として働いている若者もそうだ。たとえば、前の会社の早朝ミーティングにある会社の若手社員五、六人がグループで参加したことがある。ミーティングが終了した後に席を移していつものように質問を受け付けたのだが、その若手グループを引率してきた人事を担当する女性からこんな質問を受けた。

「ここにいる若い社員たちは、次世代の経営層になるべく、会社から期待されている人たちなのですが、仕事について『もっと教えてくれ』とばかり要求するのです。その点をどう思われますか？」

私はまったく迷うことなく即答した。

「そんな人間はクビにしたらいかがですか？　自分の頭で考えて、習おうとせずに、何でもかんでも人から教えてもらおうなんて、とんでもないですよ」

質問した人事担当者だけは「わが意を得たり」という顔をしていたが、その場にいた若い社員たちは、押し黙ったまま下を向いていた。そんな受け身の姿勢では、「次世代の経営層」になるどころか、社員として残れるかどうかも怪しい。野性とは、自力で生き延びようとする力のことだ。

もちろん、「草食動物」にも「野性」はある。しかし自然界の食物連鎖で上位にあるのは、「肉食動物」のほうだ。草食動物にも群れの中での競争はあり、足の速い者は肉食動物に追われても逃げ切れるが、遅い者は食われてしまう。それを考えれば、弱肉強食の競争社会で求められるのは、やはり「肉食系」の野性だろう。草食で生き残るのは群れの中のトップクラスだけだが、肉食のほうは、たとえ仲間より能力が劣っていても、誰かのエサとして食われる可能性は少ない。

他人を蹴落とさなければ勝てないのが「コンクール」

いまの若い世代から肉食系の野性が失われたのは、おそらく、社会そのものが大きく変わってしまい、野性味といったものに必然性・必要性がまったくなくなってしまっているからだろうと思う。当然、その結果として家庭でもそうだし、学校でも、その教育も大きく変化せざるを得なかった、その影響が大だろうと思う。とにかく、いまの学校が「肉食系」を育てるような教育をしていないことは間違いない。

というのも、例の「足の速い子も遅い子も手をつないで一緒にゴールする徒競走」に象徴されるように、どういうわけか日本の学校には、競争で勝ち負けを決めるのを「悪」と考える風潮がある。親と子、教師と生徒などの上下関係にも否定的で、誰もが対等な立場でつき合うのを良しとする傾向も強い。本当は実力や立場に差があるのに、それをできるだけ隠そうとするわけだ。そうやって「競争」から遠ざけられ、「キミにはキミの個性があるんだから、そのままでいいんだよ」などと手厚く保護されて育ったのでは、ギラギラした野性味など身につくはずがない。

教育関係者の中には「競争に負けた子が可哀想」という人もいるが、子どもの将来を考えれば、勝つ喜びや負ける悔しさを知らずに大人になるほうが、よほど可哀想だ。その経験を通じて、初めて「負けん気」が良い意味で強くなり、人は競争の厳しさや努力の大切さを学ぶのである。

もし、みんながいつまでも競争せずに生きていけるなら、そういう経験は不要かもしれない。しかし学校を出れば、そこには間違いなく競争社会が待っている。いや、学校にいるあいだだって、実は厳しい受験競争にさらされているのだ。狭い教室の中だけを「無競争状態」にしておいても、百害あって一利なしである。

また、学校の成績がおおむね相対評価から絶対評価にシフトしているのも、競争を嫌った結果だろう。他人との比較ではなく、本人が努力しさえすれば成績が上がるのが、絶対評価というものだ。

ちなみにフランス語には、「試験」を意味する言葉が二つある。一つは「EXAMEN《エクザメン》」、もう一つは「CONCOURS」だ。後者は日本だと「コンクール」と発音される。合唱コンクールなどを思い出して、「審査員が順位をつける発表会」がコンクールだと思っている人もいるだろうが、そうではない。コンクールは「試験」だ。

では「EXAMEN」と何が違うかというと、絶対評価と相対評価の違いがある。たとえば自動車運転免許の試験のように、あらかじめ決められた点数を取れば何人でも合格するのが「EXAMEN」。

一方、「上位五〇人」あるいは「上位から二〇パーセント」など、あらかじめ人数や割合を決めて、上位の成績を取った受験者だけが合格するのが「CONCOURS」である。

同じ試験とはいえ、コンクールのほうがより厳しいことは、いうまでもないだろう。どんなに頑張って自分なりに良い点数を取ったとしても、ライバルがもっと良い点数を取っていれば、コンクールを勝ち抜くことはできない。言葉は悪いが、他人を蹴落とさなければ結果を出せないのがコンクールだ。

そして競争社会とは、常にこの「コンクール」が行なわれる社会のことである。他人と比較されることなく、「キミはキミなりに頑張りましたね」と絶対評価だけで褒《ほ》められて育った子どもは、社会に出てから「与えられた状況」に耐えられないのではないだろうか。

協調性のない「一匹狼」でも結果を出せば認められる

先日、ある大学テニス部のコーチと話す機会があったのだが、いまは体育会に入るような若者でさえ、ちょっと厳しく叱りつけただけであっさり辞めてしまうそうだ。小さい頃から、褒められることしか知らないからだろう。

「OBたちからは『いまの連中はもっと褒めないとダメだ』と言われますし、部員が減れば文句を言われるんです。だけど、下手な奴を褒めてどうするんですか」

そのコーチは、そんなふうに嘆いていた。たしかに、人を育てるときには、上手に褒めることも大切だ。しかし「褒める」と「おだてる」は違う。競争に勝てるだけの力もないのに、絶対評価だけを見て「いいよ、いいよ」などとチヤホヤしていたのでは、結局は、本人のためにならない。

それに、いつも褒めてばかりいると、褒め言葉が単なる「挨拶」のようになってしまい、何の意味も持たなくなってしまうものだ。叱るべきところは叱ってこそ、褒め言葉にも値打ちが出てくるのである。

ともかく、おだてられないと物事を続けられないようなメンタリティでは、お話にならない。競争社会では、他人を褒めるどころか、隙《すき》さえあれば蹴落とそうとする人々が待ち構えている。踏まれても蹴られても挫《くじ》けずに立ち向かうくらいの強さがなければ、すぐに淘汰《とうた》されてしまうだろう。

昔の日本は実直に頑張ってさえいれば幸福になれたが、これから求められる「頑張り」はそれとはやや質が違う。身につけるべきは、もっとしたたかな「勤勉さ」だ。単に、命じられたことを素直にコツコツとこなしているだけの勤勉さでは、いまや「よく頑張っている」と褒めてもらうことさえできない。

なぜなら、いまの会社で「良い人材」として評価されるのは、仕事で「結果」を出せる人間だからだ。そこにいたるプロセスは、あまり問われない。したがって、どんなに一生懸命に働いていても、結果が悪ければ認められないのである。

その意味では、これも日本人の美徳のひとつである「協調性」に欠けるところがあっても、結果さえ出せば「良い人材」ということになってしまう。もちろん、協調性が不要だといいたいわけではないが、それが求められるのは、あくまでも同じように「結果」を出すためである。

だから、結果につながらない協調性は、会社にとって意味がない。昔から「群れ」につながる仲良しと言われている部分である。極端な話、誰からも嫌われる人格の持ち主で、職場の空気を悪くしてばかりいるような社員でも、会社の利益につながる仕事さえすれば評価されるわけだ。

そもそも、肉食系の「野性」とはそういうものだろう。群れの中にまぎれて行動するのではなく、自分の感覚と判断を信じて、獲物という「結果」を手に入れる。ビジネスマンにも、これからは「一匹狼」的な行動力が必要だ。

だが、誤解を招かないためにも、最後に付け加えておかなければいけないことは、ただ単にギラギラした野性味を持った一匹狼であればよいかといえば、そうではない。組織の中で上の方を狙っていこうとするのであれば、良い意味での協調性を持ち、一種のオーラ、品格みたいなものを感じさせる人でなければならないのは言うまでもない。その上で、必要なときには野性味を十分に発揮することができる、そういった人でなければいけない。

「社風」に染まるな

かつては、定年まで勤め上げるであろう会社に寄りかかり、忠誠心を示していれば何とかなった。大した結果が出せなくても、「会社のために頑張っている」ということで評価されたわけだ。

いまは違う。一つの職場に骨を埋めるのが難しい状況になったのだから、「ここにさえいれば大丈夫」と会社に依存していると、そこから放り出されたときに、どうにも対応ができない。ならば、忠誠心を示して認めてもらおうとするより、いつ外に飛び出しても生きていけるような準備と心構えをしておくべきだろう。どんな会社に転職しても通用するだけの実力、もっと言えば、独立起業してもやっていけるくらいの実力をつけるのが望ましい。

昔の日本には、そういった実力を持った、独立心旺盛な人間が集団内で疎《うと》んじられる傾向があった。協調性が少ないとされ、「出る杭《くい》は打たれる」という言葉もあるくらいだ。

だが現在の企業には、優秀な「出る杭」を打って引っ込めている余裕などない。仕事ができて、独立したくてウズウズしているような社員ほど、会社にとって重要な存在になっているはずだ。逆説的な話だが、いつでも会社を飛び出して独立できるだけの能力がある人間ほど、会社に残りやすくなっているのである。

しかし日本人は「自立した個」として生きるのが苦手なタイプが多いので、これはなかなか難しい。どんな会社にも「社風」というものがあって、多くのビジネスマンが無意識のうちにこれに染まってしまう。たとえば電話口での喋り方や服装のセンスなども、本人たちは気づいていないが、外部の人間には「あそこの社員はみんな似ている」と思われていたりするものだ。

なにしろ会社での仕事は毎日のことだから、「社風」から逃げるのは容易ではない。「水は方円の器にしたがう（水は容器の形にしたがって四角くも丸くもなる）」という諺《ことわざ》もあるように、人間は自分が入っている環境に合った形になっていく。そのほうが、居心地がいいからだ。

もちろん組織にとっても、所属するメンバーがある程度の「型」にはまっていたほうが、仕事を効率よく進められる面はあるだろう。ビジネスで結果を出す上で、「社風」にはメリットもあるということだ。だから私は、「社風」をすべて否定するわけではない。

だが、それも程度問題である。全員がどっぷりと社風に染まり、そこから抜け出せなくなってしまったら、その会社は「変化への対応」ができない。ある程度は社風を育てつつ、ときにはそれを打破して作り直すという作業が、会社には必要だ。

それに、たとえ運良く定年まで勤め上げたとしても、一生その「社風」のまま暮らしていけるわけではない。退職して「毎日が日曜日」になったら、会社でのスタイルは邪魔になる。誰にとって邪魔かというと、本人ではなく、奥さんにとって邪魔だ。事実、多くの元ビジネスマンが現役時代の社風を家にも持ち込んでしまい、奥さんに「産業廃棄物」などと呼ばれている。そんなこともあるから、社風には染まりすぎないよう注意したほうがいい。

そういえば昔、身も心も会社に飼い慣らされたサラリーマンを「社畜《しゃちく》」と呼んだ評論家がいた。家畜と同様、そんなビジネスマンに逞《たくま》しい「野性」は感じられない。会社に甘えない「自立した個」を目指すことが、競争を勝ち抜くのに必要なしたたかさを育てる第一歩なのである。

第二章

こんな時代にこそ求められるデッドラインの発想

会社も社員も仕事は「アウトプット」で評価される

前章で述べたとおり、会社は「利益を上げる機械」である。この本質だけは、どんな時代になろうとも変わらない。

だからこそ、そこで仕事をする従業員には、常に「結果」が求められる。利益を上げる会社が「良い会社」であり、業績を上げる社員が「良い社員」なのだ。

つまりビジネスの現場では、常に「アウトプット」が重要だということ。そこにいたるまでのプロセスがいかにすばらしくても、最終的なアウトプットの量や質が低ければ、会社も従業員も評価は上がらない。

いや、日本の実情を見ると、アウトプットの少ない会社や社員の評価は「上がるべきではない」といったほうがいいだろう。というのも、これまで日本の会社には、仕事を「インプット」の面で評価する傾向があったからだ。

たとえば社員は、GNN（義理・人情・浪花節）のある居心地のよい職場を「良い会社」と考える。会社は会社で、残業や休日出勤を厭《いと》わずに頑張って働く者を「良い社員」として評価する。いずれも仕事に対するインプットの質を見ているだけで、そのアウトプットは問題にしていない。

もちろん、それらのインプットが自然とアウトプットの向上に直結していた時代なら、それでもよかった。また、国の経済全体が右肩上がりだった頃は、放っておいても企業や社員の業績が伸びたから、アウトプットではあまり差がつかない。そのため、「真面目に仕事をしたか」「協調性はあるか」といったそれぞれのインプットでしか、仕事の良し悪しを比較できなかったという事情もあるだろう。

だが、いまの社会は、そんなことをしていられる状況ではない。

どの企業も軒並みアウトプットが落ち込んでいるときに、インプットの良さに着目して評価するのはナンセンスだ。「この会社はいつも社員の表情が生き生きしている」とか「彼は勤務態度が誠実ですばらしい」といった感情論や精神論はとりあえず脇に置き、具体的な「結果」を最優先で追求しなければいけない状況なのである。

「プラグマティック」な大統領を目指すオバマ

いま、そういう姿勢が求められているのは、日本国内の企業経営者やビジネスマンだけではないだろう。世界中で、あらゆる分野のリーダーたちが、目に見える形の「アウトプット」を高める道を模索している。

その代表ともいえるのが、実は、アメリカのオバマ大統領だ。

もともと巧みな演説で人の心をつかみ、米国初の黒人大統領にまでのし上がった人物だけに、彼には「イエス・ウィ・キャン」「チェンジ」など印象的な言葉が多い。その中でも、私がいちばんオバマらしいと感じる表現は、大統領選挙の際にメディアが彼を形容するのに使った「**プラグマティック**」という言葉だ。

この形容詞には、「実利的な」「実際的な」「実用主義の」といった意味がある。哲学の分野では、「プラグマティズム」を「実用主義」「道具主義」「実際主義」などと訳すそうだ。プラグマティズムはもともとアメリカで生まれた思想だから、オバマ大統領にも「プラグマティックな発想」を大事にする気持ちがあるのかもしれない。

あれこれと抽象的な理念や立派な能書きを並べても、実際に良い結果が出なければ意味がない。簡単にいってしまえば、それが「プラグマティック」な考え方というものだろう。もっと乱暴な表現をすれば、どんなアイデアも「役に立ってナンボ」ということだ。実効性のない手法には、価値を認めない。まさに「アウトプット」を重視するのが、プラグマティックな態度なのである。

つまりオバマは、アメリカ大統領という重責を担うにあたって、とにかく目に見える結果を出そうと決意した。私には、そんなふうに見える。単に演説がうまいだけではない、実質的な「仕事」のできる大統領を目指しているのだ。

一方、わが国を見てみると、残念ながら、そういう政治家の顔が思い浮かばない。さまざまな問題をプラグマティックに解決していこうとする姿勢が見えず、誰の耳にも心地よいきれいごとのお題目や空疎なキャッチフレーズを並べ立てて、大衆の人気取りに走る人間ばかりだ。

政治家だけではない。企業経営者の多くも、巧みな言葉を操って理念を語ってはみせるが、実は責任から逃げ回り、問題を先送りしているだけだったりする。インプットの部分を見栄え良く飾り立てることだけは得意なのだ。日本には、国なり会社なりにきちんとしたアウトプットをもたらす覚悟を持って仕事をするリーダーが、欠けている。

ただし地方自治の分野には、プラグマティックな発想を持つリーダーもちらほら登場するようになった。たとえば大阪府の橋下徹《はしもととおる》知事がそうだ。その政策には賛否両論あるだろうが、ただ理想を語るだけではなく、現実の社会を変えていこうとする「仕事師」的な手腕の持ち主であることは、間違いないだろう。

彼のように、とにかく「結果」を出す努力をするのが、いまのリーダーに求められる資質だ。その「結果」を見て、ダメならまた次の手を打てばいい。それが、プラグマティックなやり方である。失敗を恐れて何の決断も下さず、「事なかれ主義」でグズグズしていたのでは、何も変わらない。

デッドラインが「頑張れば幸福になれる会社」を実現する

私自身、会社をマネジメントする上で、常にプラグマティックな姿勢を貫いてきたつもりだ。「結果」も出してきた。もちろん会社の業績は私ひとりの力によるものではないが、二七歳でメリタジャパンのマーケティング室長という肩書きの部長になってから、トリンプ・インターナショナル・ジャパンの社長を退任するまで、売上を前年より減らしたことは一度もない。

おそらく私の口から、もったいぶった抽象的な経営哲学のようなものを聞いたことのある人はいないだろう。そもそも、私はそんなにたいした人間ではないし、お教えできる哲学なんていうものは、まったく持ち合わせていない。「早朝会議」や「がんばるタイム」など、私が組織のトップ・マネジメントとして採用してきた手法は、どれも現場の仕事をプラグマティックに効率化し、具体的な結果を出すためのものだった。

ちなみに「早朝会議」とは、会社の始業前に各セクションの担当者を集めて、進行中の業務に関する報告を聞き、指示を出す会議のこと。香港のメリタパシフィックで働いていたときに始めたもので、その後、会社を定年で退社するまで続けていた。

なにしろ毎日のことだから、会議の準備も含めて、決して楽な仕事ではない。しかし、常に「現場」に近い場所で状況を把握し、実効性のある決断を下す上で、これは非常に役に立った。

また、「がんばるタイム」とは、ある時間帯を全社的に「外出禁止」「私語禁止」（電話による外部との接触も禁止）にして、ひたすら机に向かって仕事をする制度である。「インプット」のスタイルとしてはきわめて異例なやり方で、当初は社員からの反発もあったが、これによって会社全体の「アウトプット」は確実に高まった。

そして、仕事をプラグマティックに進めていく上で何よりも重要な手段だったのが、「**デッドライン**」による業務管理である。そもそも「早朝会議」や「がんばるタイム」も、社員に仕事のデッドラインを守ってもらうためのシステムだった。

デッドラインによる業務管理とは、要するに**「締切効果」による効率化**を狙ったものだ。学校の試験勉強もそうだが、「締切」の直前になると能率が上がるという経験は誰にでもあるだろう。ならば、すべての仕事に「締切」を設定すれば、会社全体の能率が上がるはずだ。きわめてシンプルな発想である。

会社には、汲《く》めども尽きぬ湧《わ》き水のように、次から次へと膨大な仕事が押し寄せる。それを「なるべく早く処理するように」などと命じていると、進行がどんどん遅れてしまうものだ。しかし、あらゆる作業に明確なデッドラインをつけ、それを全員に守ってもらえれば、全体の仕事はスムーズに流れるようになるのである。

前の会社では、毎日の早朝会議で各自の仕事にデッドライン（基本的には翌日）をつけ、次の日の早朝会議でそれをチェックするということを繰り返していた。しかも原則として残業は禁止していたから、社員は猛烈に集中して仕事に取り組まなければいけない。だからこそ、社内がシーンと静まり返る「がんばるタイム」も必要だったわけだ。

プラグマティックな経営とは「決断を下して動き始めること」

このデッドラインには、「勤勉さ」の質を変える効果もあるといえるだろう。

仕事を山ほど抱えた人間は、いつも「時間が足りない」とボヤいている。それで延々と残業をし、休日も自宅に仕事を持ち帰ったりするわけだ。そうやって仕事漬けの日々を送ることが、これまでは日本人の「勤勉さ」だと考えられてきた。だからこそ、「サービス残業」や「過労死」の問題も発生するのである。

しかし実のところ、彼らに足りないのは「時間」ではなく仕事の「スピード」だ。残業や休日出勤がなくならないのは、仕事が多すぎるからではなく、多くの人間が能率の悪い働き方をしているからだと私は思う。

ならば、日本人特有の「勤勉さ」を、これまでのような「長時間労働」ではなく、「スピードアップ」に振り向ければよい。「頑張ってたくさん働く」のではなく、「頑張ってスピードを上げる」ことを考えるわけだ。実際、前の会社では、デッドラインの徹底によって残業がほぼなくなった。

「残業禁止なんて、そんなことが本当にできるんですか?」

私はいままで多くの経営者からそんな質問を受けたが、こればかりは「案ずるより産むが易し」である。まずは、やってみていただきたい。

というのも、残業ばかりしている人間は、仕事の山を前にして、はじめから「残業すれば終わる」と思っているから、結果的に残業することになる。はじめから「残業はできない」と思っていれば、集中力が高まり、時間の使い方も劇的に変わるだろう。はじめから「これから一〇キロも走るのか」と思うとダラダラしてしまうが、「一〇〇メートルで終わる」と思っていれば全力疾走できるのと同じことだ。

能率が上がって残業がなくなれば、社員はプライベートな時間を充実させることができる。それによってワーク・ライフ・バランスが向上し、まさに「**頑張った人が幸福になれる**」状態が再び訪れるわけだ。

これは会社にとっても、当然ながら、大きなメリットがある。残業代がなくなるので人件費の負担が減るのはいうまでもないが、それよりも、社内の作業全体が効率化されることのほうが大きい。とくに、ホワイトカラー労働者の生産性は、デッドラインの導入で飛躍的に上がる。

そもそもホワイトカラーの仕事というのは、工場のラインと違って業務の流れが目に見えないため、どこで誰が停滞の原因を作っているのかがわかりにくいものだ。それに頭を悩ませている会社はたくさんあるだろう。

しかし各自のデッドラインを明確にし、それを毎日きちんとチェックすると、誰もこっそりサボることができず、仕事を抱え込んで立ち止まることもできないので、チーム内の「目詰まり」がなくなる。これが、生産性を押し上げるのである。

これによって会社が手にするメリットは、浮いた残業代とは比較にならないほど大きい。残業代がなくなった分、社員の給料や手当てを増額しても十分にお釣りがくるだろう。事実、前の会社で私が社長を務めていた時代の最後の頃は、売上、利益などの社内目標を達成したときに、一律五万円を全員に支給していた。「アウトプット」が向上したら、それに見合う報酬を与えるのは当然だろう。

おそらく、残業を原則禁止にして問題の起こる会社は、ほとんどないはずだ。一気に全面禁止にするのは難しいかもしれないが、たとえば週に一日だけ曜日を決めるなど部分的に実施してみれば、意外と簡単なことだと気づくだろう。

それをやらないのは、「残業をなくせない」のではなく、経営者が「残業禁止を決断できない」というだけのこと。プラグマティックな経営とは、何よりもまず**「決断を下して動き始める」**ことから始まるのだと思ってもらいたい。

仕事量は「能力×時間×効率」の三次元で考えよ

ところで、私の提唱する「デッドライン」の設定には、実は二種類の効果がある。そこで、ここからは「デッドライン効果」について、もう少し詳しく説明することにしよう。

まず第一の効果は、先ほどから述べているように、社員一人ひとりの仕事のスピードアップが図れることだ。

仕事量と時間の関係を簡単な図表にしてみたので、見ていただきたい。個人がこなせる仕事量を「能力×時間」という平面だけで考えると、仕事量が増えた場合、「能力」はすぐに

仕事量＝能力×時間×効率

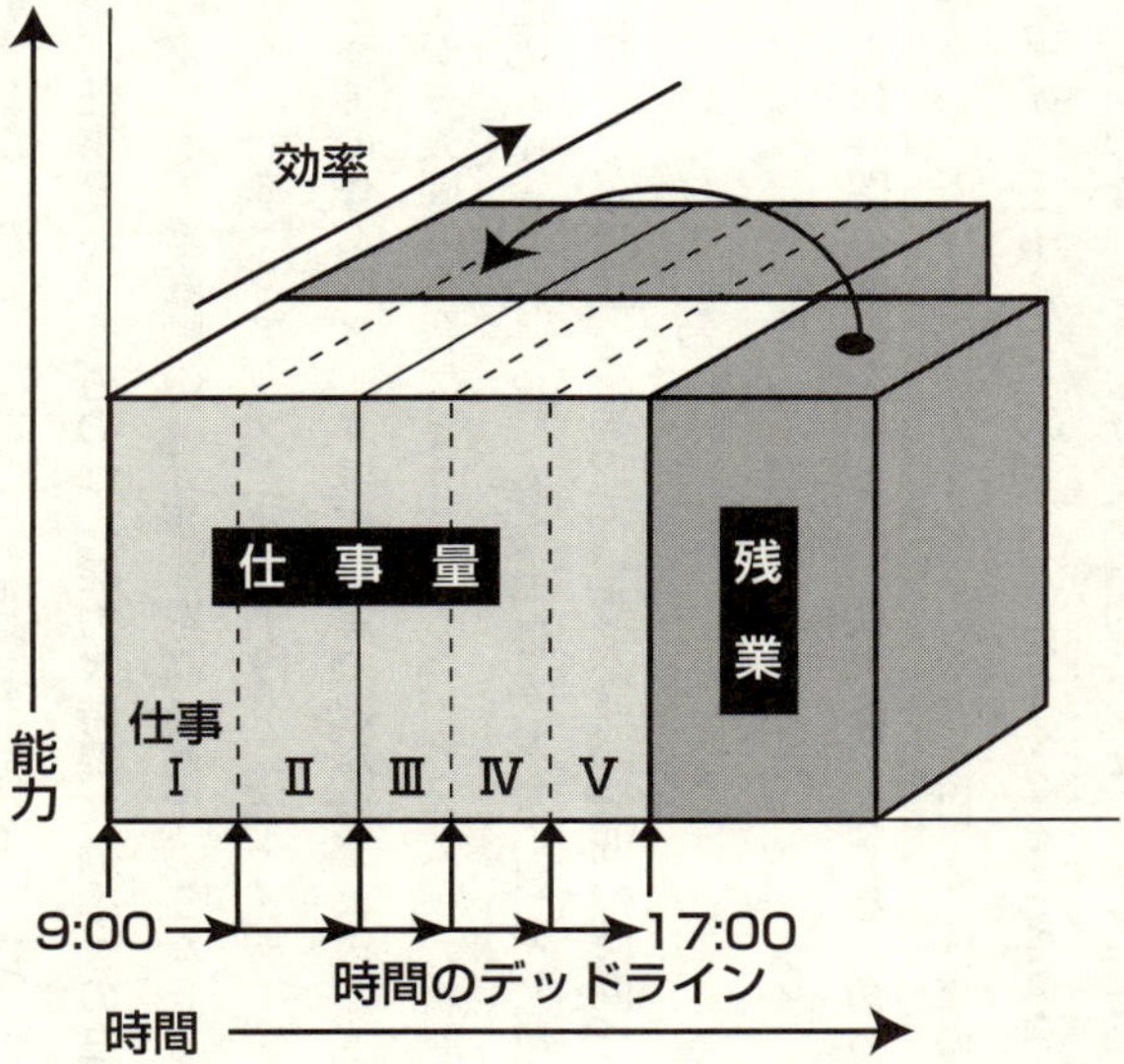

デッドラインを決めて、効率を上げれば
残業分の仕事は時間内に処理できる

増やすことができないので、「時間」を増やすしかないことになる。

しかし本来、**仕事量というものは「能力×時間×効率」の三次元で考えるべきものだ。**能力と時間が一定でも、垂直軸の「効率」を高めれば、こなせる仕事量は増える。

そして、その「効率」をアップさせる手段が「デッドライン」だ。人間がある仕事を始めてから終えるまでの作業スピードは、一定ではない。ロボットなら最初から最後まで同じペースでこなすが、人間の場合はどうしても「中だるみ」の状態が生じる。

そして、この「中だるみ」は、作業時間が長ければ長いほどレベルが下がる。たとえば「徹夜すれば終わるだろう」と思っている人は、昼間の時間を「中だるみ」状態のままダラダラと過ごしていたりするわけだ。

しかし、そこに「今日の夕方五時まで」というデッドラインを設定し、終えなければいけない仕事すべてに時間の配分をすると、状況は一変する。初めのうちはできないかもしれないが、毎日そういった仕事の仕方をしていると、自ずと仕事のスピードが上がってくる。人間のやることだから「中だるみ」が完全になくなることはないが、その下がり具合や時間は、デッドラインのないときよりも圧倒的に少なくなるのだ。これが「効率が上がった」ということである。

実感としては、たとえばこんなケースを想像してみればいい。

朝九時からの会議に提出する資料作成が前の日にできず、当日の朝、早めに出勤したという経験のある人は多いだろう。そんなときは、いつもより早く仕事が片づくものだ。「ふだんは一時間半ほどかかる作業だから」と七時半に出社し、必死で頭と手を動かしてみると、八時半には終わってしまう。さっきまでは異様に焦っていたのに、ふと気づくと、のんびり新聞を読みながらお茶を飲む余裕さえ生まれているのだ。いつもは「中だるみ」として浪費している時間が、「至福のひととき」に変わったのである。

「いつもこれぐらい能率が上がったら楽だろうな」

そんなふうに感じたことがあるのなら、これを「緊急時の特別なこと」にせず、「日常」にすればいいだろう。そのために必要なのが「デッドライン」だ。デッドラインとは、いわば**「火事場のバカ力」を日常化する手段**なのである。

九時から五時まで「火事場」のテンションで仕事をしたのでは、毎日クタクタになってしまうと思う人もいるに違いない。しかし、これは仕事なのだから、全力を振り絞ってクタクタになるのは当たり前だ。

それに、デッドラインなしで延々と残業していれば、やはりクタクタになるだろう。終業後にのんびりとくつろぐ時間が少ない分、そちらのほうが精神的にも体力的にもキツいはずだ。どっちみちクタクタになるのなら、残業なしのほうがいいに決まっている。毎日、夕方五時以降に「至福のひととき」を味わい、さらに十分に睡眠をとれるようなメリハリのある生活をしていれば、また次の日も「火事場のテンション」を維持できるのである。

仕事の「優先順位」をデッドラインで明確にする

次に、もう一つの「デッドライン効果」について話しておこう。デッドラインは作業のスピードアップによって効率化をもたらすだけのものではない。そこには、仕事の「優先順位」を明確にする役割もある。

仕事の効率が悪い人間にも、いろいろなタイプがあるものだ。ただしその中でも、集中力が続かずにダラダラする、仕事に取りかかるまで無駄に時間がかかる、やたらと考え込んでしまい決断できず先に進まない……といったタイプは、いずれも先ほどの「第一のデッドライン効果」で効率化できるだろう。

しかし、それとは少し異なるものもある。「段取りの悪いタイプ」だ。仕事に無駄な時間をかけるというより、仕事の順番がおかしいので効率が上がらないという人が、どの会社にもいると思う。

とくに問題なのは、その社員個人にとっては効率よく進んでいるのに、会社にとっては効率が悪いというパターンである。会社全体にとっては優先順位の低い仕事を真っ先に片づけようとして、上司を苛立《いらだ》たせるタイプだ。

こういう事態が生じるのは、仕事の優先順位を決めるファクターに**「緊急性」**と**「重要性」**の二つがあることが原因である。「急ぐ仕事」と「大切な仕事」のどちらを優先すべきかという点で、会社と社員のあいだにズレがあるわけだ。

これは、次のような表を作って考えるとわかりやすい。ここでは単純に、「緊急性も重要性も大」「緊急性が大、重要性が小」「緊急性が小、重要性が大」「緊急性も重要性も小」という四種類の仕事があると想定してみた。

その場合、もっともプライオリティが高いものと、もっともプライオリティが低いものについては、会社と社員のあいだに見解の相違はないだろう。「緊急性も重要性も大」が第一位で、「緊急性も重要性も小」が第四位だ。これを逆の順番でやろうとする社員がいたら、その場でクビになっても仕方がない。

問題は、二番目と三番目である。「緊急性が大、重要性が小」の仕事というのは、たとえば経費の精算など作業といわれる、些末なデイリーワークであることが多い。社員は「早くしろ」とせっつかれるので気持ちが焦っているが、会社にとっては「利益を出す」という大目標に直結しない「どうでもいい仕事」だ。

だから会社としては当然、「緊急性が小、重要性が大」のほうを優先してもらいたい。ところが日々のデイリーワークに追われている社員のほうは、「緊急性」が大きい仕事を優先しがちだ。それを先に片づけないと、落ち着いて「重要性」の大きい仕事に取り組めないような気がするのだろう。

しかし会社には緊急性の高いデイリーワークが掃いて捨てるほどあるので、それを優先されると、会社の業績を左右するような重要性の高い仕事がどんどん置き去りにされてしまう。「忙殺」とは、まさにそういう状態のことだ。

仕事は重要性と緊急性のどちらを優先するか

		会社にとってのプライオリティ	
	重要性／緊急性	大	小
個人のプライオリティ	大	❶	❷
	小	❸	❹

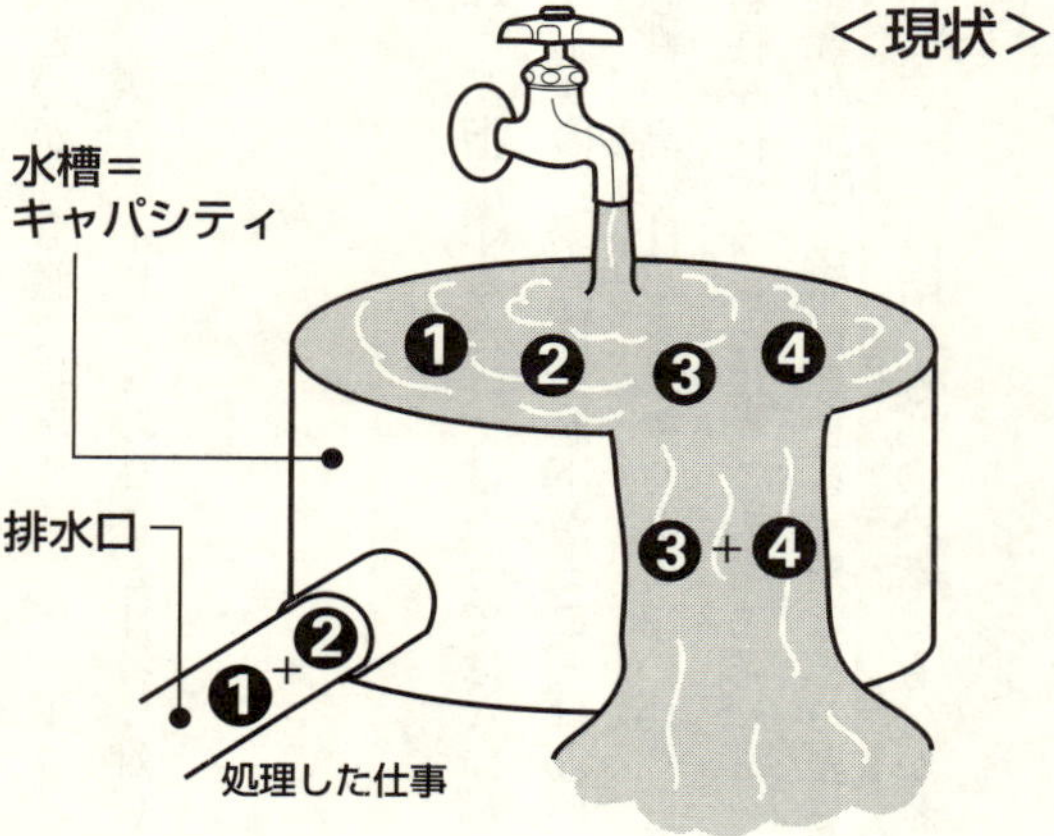

IT化とシステム化の「仕組み」を作り、
会社でデッドラインをひき
重要度の高い❸も処理していくようにする

だから会社には、表の中で「②」と「③」になっている仕事の優先順位を入れ替えさせるような仕組みが必要になる。そのひとつが、会議で指示する「デッドライン」だ。その仕事の締切を早く設定することによって、プライオリティの高さを社員に対して明らかにするのである。

面倒な単純作業はIT化せよ

とはいえ、ただ「これを先にやれ」と指示するだけでは十分ではない。プライオリティは三番目であっても、そのデイリーワークの「緊急性」が下がることはないからだ。重要性の高い仕事を命じられた社員は、緊急性の高い仕事を「やらなくていい」と言われたわけではない。結局、両方を同時に抱えて右往左往することになるのである。

しかも会社では、次から次へと仕事が無限に押し寄せる。先ほどの表では単純に四分割したが、実際は「緊急性」や「重要性」が一〇段階にも二〇段階にも分かれるわけで、その優先順位のつけ方はきわめて複雑だ。

だが、それぞれの社員が処理できる仕事量には限界がある。後から発生した仕事のほうが重要性が高いことも多く、それを優先しているうちに、後回しにした仕事が手元にどんどん溜まってゆく。開きっぱなしの蛇口から凄い勢いで水が出てくるのに、それを受け止める水槽からは、少しずつしか排水されないようなものだ。「出」より「入」のほうが圧倒的に多いから、あっという間に水が溢《あふ》れ出てしまう。

したがって、社員に「重要性大」の仕事を優先させようと思うなら、会社はそれが可能になるような「仕組み」を用意しなければいけない。水が溢れないよう、「排水口」を広げて、「入」と「出」のバランスが取れるようにすべきだ。そうしないと、社員はどうしても「緊急性大」のデイリーワークを先に「排水」しようとする。

そこで「重要性大」の仕事が溢れないようにするには、「緊急性大」の単純作業がもっと簡単に片づくような仕組みが必要だ。たとえば交通費の精算は、頭は使わないものの、いちいち所定の伝票に行き先や運賃などを書き込むのでひどく手間がかかる。何週間分も溜めてしまうと、面倒臭くて仕方がない。それでグズグズしているうちに、ほかの仕事まで能率が下がってしまう。

こういう作業は、多少のコストをかけても、ＩＴ化を進めたほうがいい。パソコンの精算用画面を開けば、すでに自分の名前や社員番号が入っていて、日付ごとに移動経路を入力すれば済むようにしておけばいいのだ。今では良いパッケージソフトが多く売られているので、その会社に合ったソフトを導入すればいいことで、入力し終わったら自動的に上司の承認に回り、その後、経理が本人の口座に振り込むまでを各部門がボタン一つで処理できるようにしてしまえばいいことだ。

こういった仕組み作りをしていくと、その分、「重要性大」の仕事を優先する時間的な余裕が生まれ、社員のモチベーションも向上するだろう。システム開発にかかるコストを上回るメリットが得られるのは間違いない。

交通費の精算以外にも、会社の中には、ＩＴ化やシステム化によって効率化できる作業がいろいろあるだろう。社内の定型の書類があるところはＩＴ化できる宝庫であるといってもよい。経営者が「水が溢れない仕組み作り」を推進することによって、デッドライン効果はさらに高まるのである。

ヨーロッパの「道路づくり」に学べ

効率のよい仕組み作りといえば、夏休みにヨーロッパを自動車で旅行したときに、向こうの道路事情に感心したことがある。自宅のある南仏のグラスという町からイタリアのベネチアの近くまで行き、最後はフレンチアルプスまで足を延ばして帰ってきたのだが、五泊六日で一五〇〇キロほど車で走ったにもかかわらず、それほど大した距離を移動したように感じなかった。道路のつくりが日本とはまったく違うからだ。

私はふだん、日本では滅多に車で長距離を走ることがないが、そういう人間でも、道路のつくりに余裕があると、その距離でも楽に走ることができる。ちなみに自宅のあるグラスからベネチアの近くまでは約五六〇キロ。自宅からホテルまで、二回の休憩をはさんできっかり六時間で到着した。日本でいえば東京―大阪間に匹敵する距離だ。私はいまだかつて、東京から大阪まで車を運転しようと考えたこともないが、南仏からベネチアまでなら、また走ってもいいかなと思う。

なぜ楽に運転できるかといえば、まず高速道路がゆったりしていることが大きい。フランスもイタリアも大部分が制限速度一三〇キロと日本より速いが、そのスピードでも、少しも危険を感じずに走ることができる。また、ミラノのような大都市に近づくと、片側四車線になった。交通量が増えるのだから、車線を増やさなければ渋滞してしまう。

また、一般道もきわめてスムーズに走れた。信号がほとんどないからだ。グラスの場合、狭い急坂に一ヵ所だけ信号機があり、交互に一方通行になるが、それ以外の交差点はすべて「ラウンドアバウト」になっている。

いまはフランスもイタリアも、かつて信号のあった交差点が、どんどんこれに切り換えられているようだ。ロータリー交差点に似たシステムで、中央の「島」の周囲を車が周回し、先に入った車両が優先的に出て行くという仕組みである。信号待ちがないので時間が節約できる上に、安全性も十字路交差点より高いらしい。

さらに、山道のつくりも日本とは大違いだった。

フレンチアルプスからの帰りに通った「ナポレオンロード」(ナポレオンがパリを目指して北に上った道)は、多くの区域が制限速度九〇キロ。すぐ脇に断崖絶壁が見えるので、やや高所恐怖症気味の私は大変だったが、カーブが多いわりに道幅には余裕があるので、ふつうの人は九〇キロでも速いとは感じないだろう。一二五〇キロの山道を三時間半で走りきったが、日本の山道ではせいぜい制限速度三〇キロか四〇キロ程度の道路しか作らないので、同じ山道でも二倍か三倍の時間がかかるに違いない。

「考えずにできる作業」は効率がいい

そして、これは日本の社会全体に通底する問題だ。道路づくりにしろ、会社の組織づくりにしろ、日本人は効率のいい「仕組み」を作る発想に欠けている。

たとえば「ラウンドアバウト」を導入するには、相当なコストがかかるだろう。しかしそれが便利で効率的であることは明らかなので、ヨーロッパの人々は積極的に取り入れている。ところが日本は、最終的に得られる効率（アウトプット）よりもコストや工事期間（インプット）を優先するので、狭くて信号の多い「遅い道路」ばかり作るわけだ。

そして、その道路をいかに速く走るかは、渋滞する時間帯を避けたり、抜け道を探したりといった、個人の努力や工夫に委《ゆだ》ねられている。これでは、全体の効率は少しも上がらない。

会社も同じだ。日本では多くの経営者が、効率の高まる仕組みを用意せず、残業や休日出勤といった「個人の頑張り」に期待している。仕事がうまく流れる「インフラ」が整備されていないために、それぞれの社員がバケツで必死に水を汲み出しているのが、日本の会社の現状ではないだろうか。

その流れをスムーズにして、業務全体のスピードアップを図るには、「判断」に時間をかけない仕組みを作ることも重要だ。社内の仕事が「渋滞」しているときというのは、誰かが「考え中」のために流れが止まっていることが多い。どこかにじっくり考え込んで判断を保留している者がいるから、そこから先に進まないのである。

逆に、「考えずにできる作業」というのは、きわめて効率がいいものだ。たとえば、朝起きてから会社に出勤するまでの行動を思い起こしてほしい。目覚まし時計を止める、顔を洗う、朝食をとる、トイレで用を足す、背広に着替える、ネクタイを締める、靴を履く、駅まで歩く、電車に乗る……と、毎朝さまざまな作業をしているわけだが、これが滞《とどこお》りなくスムーズに流れていくのは、いちいち考えて判断する必要がないからだろう。「次は何をしようか」と段取りを考えることもなく、ふと気づいたら会社の自分の席に座っていた、ということも多い。

会社の業務にも、いちいち考えずに処理できるものはたくさんある。ふつうは無意識にそれをこなしているわけだが、会社全体の効率化を進めたいなら、経営者は意図的に業務の「ルーティン化」を行なうべきだろう。自動的に流れていく部分が増えれば、それだけ仕事のスピードは上がる。それも「仕組み作り」のひとつだ。

いつも同じパターンで仕事をこなす姿勢は、ときとして「前例踏襲主義」と批判的に呼ばれることもある。たしかに、仕事は常に同じようにやればいいというものではない。何でもかんでも前例を踏襲していると、それこそ「与えられた状況」が変わったときに対応することができなくなってしまう。

しかし日常業務の多くは、前例踏襲主義でやっていけるのもたしかだ。たとえば囲碁の世界には、長い歴史を通して培《つちか》われた「定石《じょうせき》」というものがある。「定石」だけでは勝てないが、「定石」を知らないと上達しないのも事実だろう。それを身につけることで、ある程度のレベルまでは効率よく力を伸ばせるわけだ。

結論にいたるプロセスをパターン化して共有する

会社も、「定石」の通用する範囲さえしっかり見極めておけば、パターン化やルーティン化によって効率を高められる部分は大きい。

たとえば会議の進め方もそうだ。そこで検討するテーマは毎回違うので、最終的な判断や結論をパターン化することは当然できないが、その結論にいたるプロセスについては「定石」を社内で共有することが可能だ。問題を解決するには、まず現状を分析する作業が必要だが、問題ごとに新しい分析方法を採用する必要はないだろう。そこは前例を踏襲して、いつもと同じ手法を使えばいい。

それも含めて、ある結論にいたるまでのプロセスがパターン化していると、全社的な共通理解が深まって、社員の動きに無駄がなくなるものだ。

最悪なのは、上層部の会議で決まった結論だけを下に伝える会社である。そこで決まった方針で万事うまく進めばいいが、そうはいかないのが仕事というものだ。現場の事情に応じて、その結論に微調整が必要になることが往々にしてある。

その場合、現場の社員が結論にいたる会議のプロセスを知っていれば、その意図をはみ出さない範囲で自ら微調整ができるだろう。

「上からの命令とは少し違うが、そういう経緯でこの決定になったのなら、この程度の変更は認められるはずだ」と判断できるわけだ。

しかし結論だけを示された現場には、その判断ができない。「現場はこういう状況なのでその通りにはできません」と上層部に報告し、あらためて微調整のための会議を開いてもらうことになる。「この結論は現状に合わないので、こういうやり方をします」と提案した方法が、すでに会議の段階で否定されたものだったということもあるだろう。いずれにしろ、そこで二度手間、三度手間が発生するのである。

したがって会議というのは、結論だけではなく、判断にいたるプロセスまで社内で共有することが大事だ。さらに、そのプロセスが「定石」として共有されていれば、ますます業務の流れはスムーズになる。現場での微調整が必要になっても、「この前もそうだったから今回も同じパターンで行こう」という具合に、グズグズと考え込むことなく先に進めるわけだ。

効率化の「仕組み」に一般的な正解はない

では、単純作業のIT化であれ、プロセスの定石やパターンであれ、組織にとってもっとも効率のよい「仕組み」とはどんなものなのか、ここまでの話で「仕組み作り」の重要性を認識した人の中には、そんなことを考える向きも多いだろう。どんな会社でも業務の流れをスムーズにするシステムを教えてほしい、というわけだ。

しかし残念ながら、そういう万能システムは存在しないと思ったほうがいい。どんな会社にも「社風」があるのを見ればわかるように、人間の組織にはそれぞれの個性というものがあるからだ。

私は著書や講演で、自分がマネジメントしてきた会社で実行したいろいろな手法を紹介しているが、それとまったく同じやり方がどの会社でも通用すると考えているわけではない。もちろん、私はＴＴＰ（「徹底的にパクる」の略）は大いに結構だと考えているから、自分の話を聞いて「使える」と思ったことを真似《まね》てもらうのは大歓迎だ。しかし、いくらＴＴＰをしようと思っても、そうはいかないのが人間集団の面白いところでもある。どんな「パクリ」にも、パクった会社のプロセスの定石とかパターンに合わせ微調整をしていかないと、導入に失敗することになる。大体、変えること自体に反対意見が出るのが当たり前だからである。

だから、あらゆる組織を最適化する「ベスト・プラクティス」というものは、基本的にあり得ない。

たとえば社内のIT化を外注すると、システム設計会社が「これがお宅の会社にはいちばん合っていてベストです」と言って、ERPといわれるパッケージをそのまま導入させようとすることが多い。「いや、うちの会社ではこういうやり方をするから」と変更を求めても、「ベスト・プラクティスに基づいて作られた、このシステムのほうが合理的です」と聞く耳を持とうとしない。しかも、変更ばかりすると導入コストが天文学的なものになるからと、逆に、今までせっかく作り上げてきた会社のマニュアルを変えることを強要される。

しかし、これを「そんなに完璧なシステムならいいか」とそのまま何とかなるだろうと手を多少抜いて受け入れてしまうと、まずうまくいかない。いろいろな理由があって作り上げてきた会社の仕組みをそういう中でいじくったらうまく回るはずはない。あちこちに綻《ほころ》びが生じて、結局はまた一からシステムを作り直すハメになるのがオチだ。

それも当然で、会社はそれぞれ社風も違えば、その歴史の中で積み重ねてきた習慣も違う。すでに何らかの「パターン」なり「仕組み」ができあがっているわけだから、よその会社でどんなに成功したシステムであっても、そのままピタリと合うはずがない。

会議の進め方なども同様だ。転職経験のある人はわかると思うが、同じようなテーマで同じような結論に向かう議論でも、会社によってそのプロセスはかなり違う。そのため途中入社した人間は、話の流れに乗れなくて戸惑うことが多い。個人の話し方や文章にクセがあるのと同様、人間の組織にも考え方のクセのようなものがあるのだ。

そして、クセに一般的な「正解」はない。長年にわたってその会社で叩き上げられ、自然に身についたパターンが、その会社にとっての「正解」だ。「悪いクセ」は直すべきだが、習慣として根づいているものは大事にしたほうがいい。これまで無意識にやっていたことを「これがうちのパターン」だと自覚して社員同士で共有し、ルーティンの「仕組み作り」の土台にすることが、業務の効率化につながるのである。

デッドラインで「判断」のプロセスを迅速化する

それによって、緊急性だけが高い「考えずにできる仕事」を流す排水口が太くなれば、重要性の高い「よく考えるべき仕事」に時間をかける余裕が生まれるだろう。それは別のいい方をすると、「前例どおりには処理できない仕事」のことだ。

そういう仕事まで前例どおり何も考えずに処理したり、「前例がないから」と何もしようとしないのが、正真正銘の「前例踏襲主義」だろう。つまり前例踏襲主義者とは、自分の頭で考えず、独自の「判断」を放棄する人たちのことだ。判断をし、やるぞと決断しなければ何も実行されないのだから、これは「プラグマティックな発想」の対極にあるやり方だといわざるを得ない。

もともと人間というのは、基本的に、「変化」や「判断」を厭がる生き物だ。それこそ起床から出勤までの段取りが毎日違ったら、誰でもウンザリするだろう。外食をするときも、新しい店を探すのは例外で、たいがい知っているレストランに行こうとするものだ。「前例のない判断」をするのが面倒臭いからだろう。

人はよく「毎日同じことの繰り返しで飽き飽きだ」というが、実は同じパターンの繰り返しほど楽なものはない。そして実際、同じことの繰り返しで片づく物事が世の中にはたくさんある。だからこそ、先ほど述べたような「仕組み作り」が役に立つわけだ。

しかし、だからといって、何から何まで「繰り返し」で済むはずはない。「与えられた状況」が変われば従来のパターンは通用せず、前例のない判断を下して自らを変えることが必要だ。いうまでもなく、会社に「利益」をもたらすのは、こちらの仕事である。たとえば新製品の開発や新しい販路の開拓など、利益を増やす試みはすべて「変化」であり、そこには前例にとらわれない「判断」が求められる。だから「考える時間」も必要なのだ。

ただし、じっくり考えればいいというものではない。この作業も、できるかぎり効率よくスピーディにこなすべきだろう。いつまでも考え込んで判断を先送りにしていると、「与えられた状況」はさらに変化してしまう。ようやく「こうしよう」と決断したときには、すでにタイミングが遅れてしまっていたりするわけだ。

ところが日本では、多くの会社で「判断」の遅さが目立つ。何かしらの変化が必要であることは明らかなのに、やたらと「考え中」の時間が長く、会議でも「慎重論」が幅を利かせることが多い。前例を踏襲して失敗しても「うちの会社はこうだから仕方がない」という話になるが、前例にないことをやって失敗すると、判断を下した人間が責任を問われるから「決断」ができないのだ。最初から「失敗」を前提に考えている時点で終わっているとも言えるが、これでは状況の変化に機敏に対応するのは無理だ。

そこで有効なのが、「デッドライン」である。「締切を厳守させる」というと、現場の「実行」をスピードアップさせる手段だと思われがちだが、それだけではない。むしろ、あるプロジェクトが実行段階を迎える前、つまり「判断」のところでデッドラインを設定することが大事だ。判断のプロセスが遅れれば、実行も遅れる。判断を迅速に行ない、決断し、実行に時間をかけることこそ、プラグマティックな経営の必要条件なのである。

完成度を高めようとすると判断が遅れる

なかなか判断を下さず、いつまでも考え込んでいる人が「失敗」を恐れるのは、責任を押しつけられるのを厭《いや》がる以外にも、もうひとつ理由がある。よく考えずに物事を慌てて決めると、「拙速《せっそく》」に陥《おちい》るような気がしてしまうのだ。だから、熟慮を重ねて判断したほうが、成功率が高くなると考える。つまり、確実に成功すると思えるくらい計画の「完成度」を高めてから、それを実行段階に移したいということだ。

会議で慎重論ばかり口にする人も同じだろう。基本的にそういった人は自分が現場から離れてしまっているので、物事の感じが摑《つか》めずに、そのまま実行するのは恐いから、「ここが甘い」「あそこが心配だ」とダメ出しをして、最終的な決断を遅らせようとするのである。

これは一見、堅実で頭のいいやり方に思えなくもない。しかし、それが会社の利益を最大化するかどうかは別問題だ。石橋を叩いて渡るのも結構だが、そんなことをしているうちに川が増水し、橋そのものが濁流に飲み込まれて渡れなくなるかもしれない。それなら、少しぐらい不安はあっても、思い切って渡ってしまったほうがいいだろう。たとえ橋が崩壊しても、川の流れが穏やかなうちは泳いで渡ることもできる。

計画の完成度を重視するのは、「実行段階」よりも「判断」に時間をかけるやり方だ。しかし実のところ、これは無駄が多い。計画の完成度を高めれば高めるほど、判断すべき選択肢が増大し、決断しにくくなり、ますます時間と労力がかかるのだ。

そこで、仕事の「完成度」とそれにかかる「コスト・努力・時間」をグラフ化してみたので、見ていただきたい。「完成度」を横軸、「コスト・努力・時間」を縦軸に置いてみると、

仕事の「完成度」と「コスト・努力・時間」の関係①

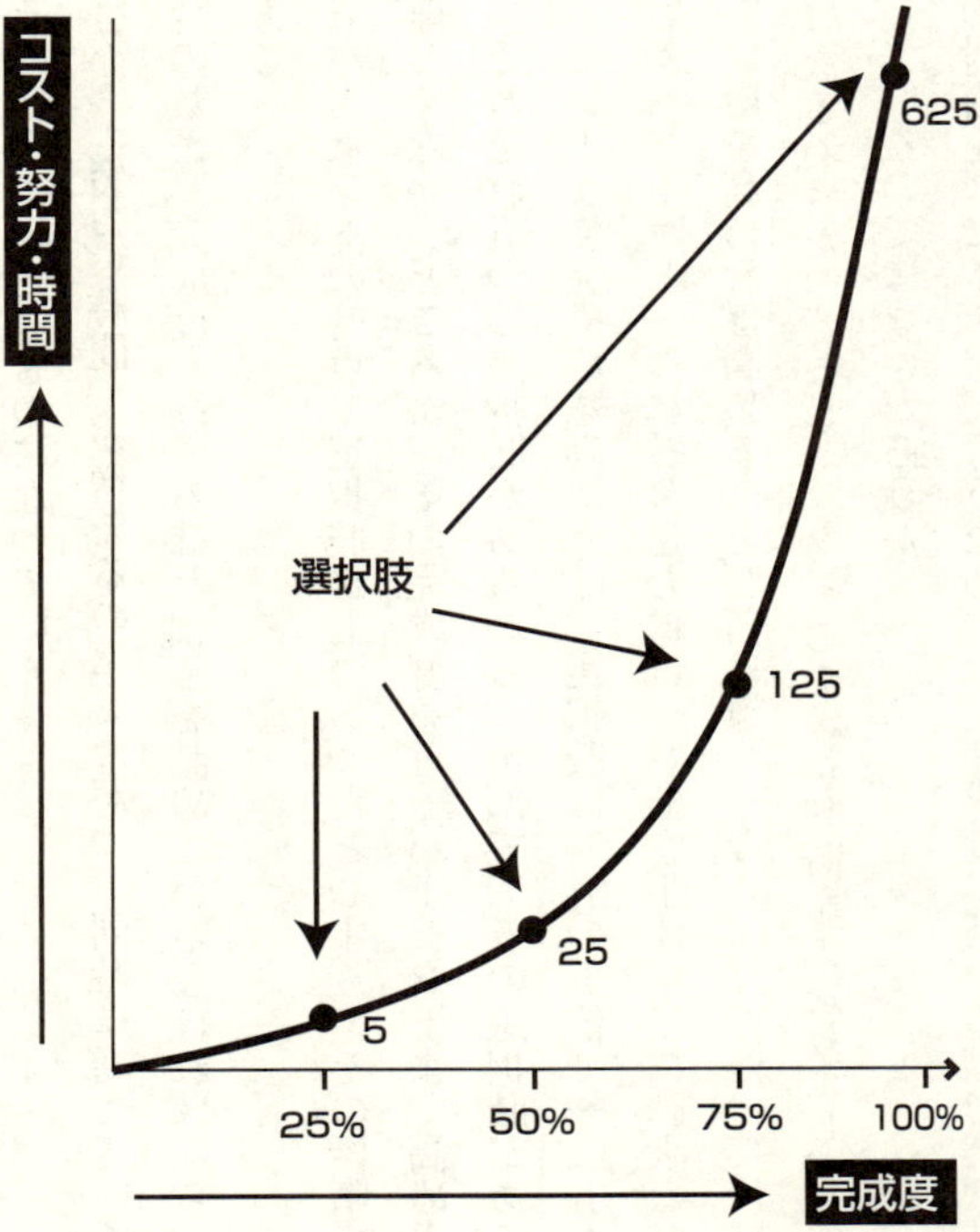

完成度が低いほど「楽にやれる」ことがわかるだろう。完成度が七五パーセントを超えたあたりから、急激にその仕事は大変なものになっていく。

そして実は、「コスト・努力・時間」が増えるのにしたがって同時に増えていくのが、判断すべき「選択肢」の数だ。完成度が高まるほど細部を詰めていかなければならないのだから、それも当然である。

仮に、完成度二五パーセントの時点で選択肢が五つあったとしよう。その段階で一つに絞り込むのは、そう難しくない。ところが、その完成度を五〇パーセントまで高めようとすると、五つの選択肢にそれぞれ五つの選択肢があるから、全部で二五の選択肢があることになる。さらに七五パーセントまで完成度を高めれば、選択肢は二五の五倍で一二五だ。これを比較検討して「これがベスト」と一つに絞り込むには、判断を下すまでに膨大な時間と労力がかかるだろう。完成度を高めれば高めるほど判断は難しくなり、したがって決断し実行段階に移すのが困難になるわけだ。こうして、多くの会社が判断を先送りにし、「何も実行できない状態」に陥っているのではないだろうか。

だから、変化への対応をスピーディに行うためには、完成度が低い段階で選択肢を絞り込

仕事の「完成度」と「コスト・努力・時間」の関係②

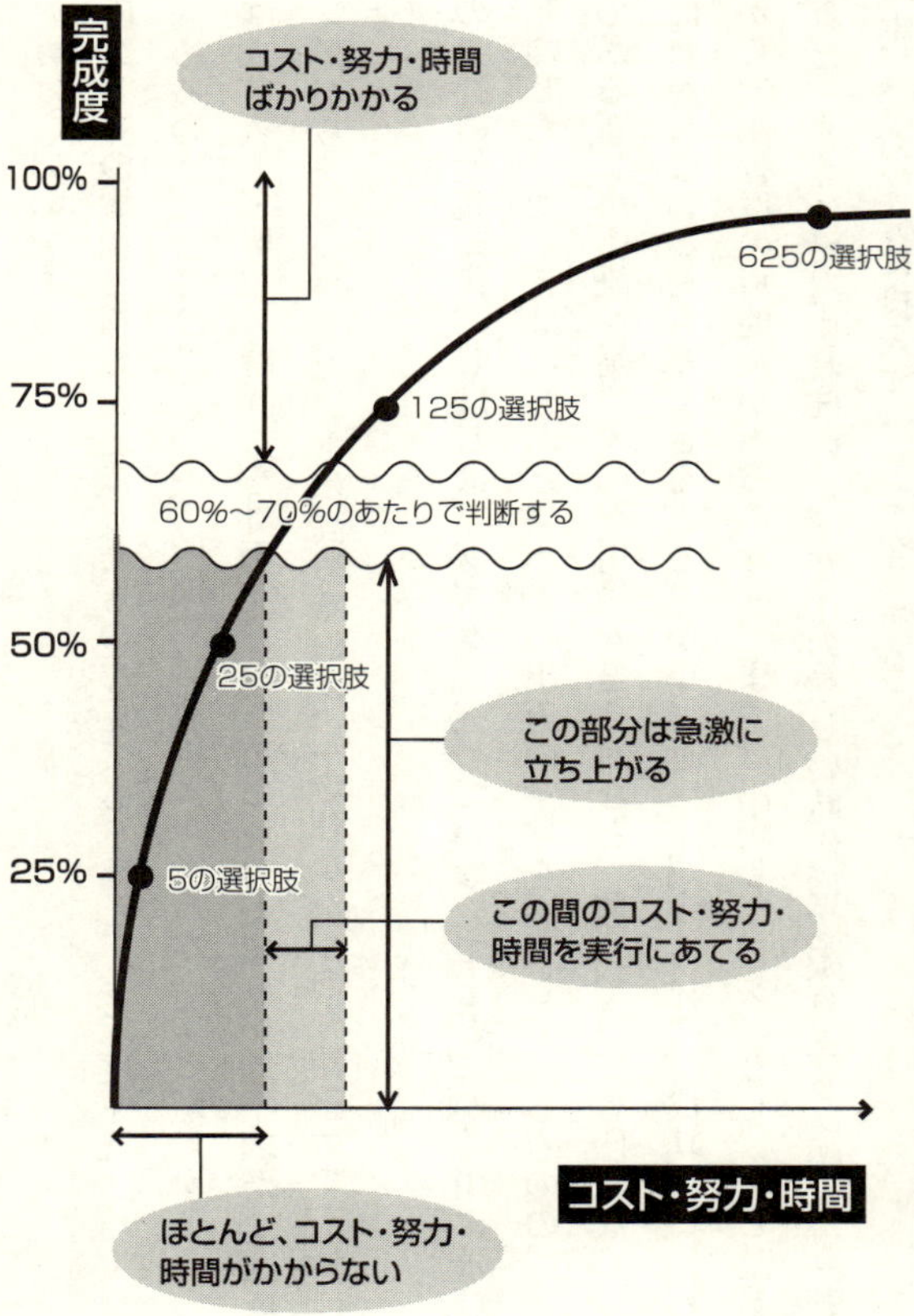

む判断を下し、実行に移してしまったほうがいい。そこから先は、現場で走りながら完成度を高めていけばいいのである。

先ほどのグラフの縦軸と横軸を逆にしたものを見てもらうと、完成度を五〇パーセント程度にまで高めるのに、「コスト・努力・時間」はさほどかからないことがわかるだろう。そこから先は「コスト・努力・時間」を計画実行のために使ったほうが効率的だ。完成度を五〇パーセントから一〇〇パーセントに高めるのは、「走りながらの微調整」で十分に間に合う。

私は前の会社の社長時代、しばしば「グズグズ迷っていないで、とにかく川に飛び込め」と社員を叱咤《しった》した。たとえばほとんどすべての出店の条件を満たしているものの、どこか一部に難点のある新しい店舗を増やすのが得策かどうかなど、迷っていても仕方なく、やってみなければわからないこともたくさんある。現場に近い立場から見て、成功するかどうかカンで六割から七割程度の可能性があるのなら、まずは出店して、ダメなら、少し乱暴かもしれないけれど、すぐに撤退すればいい。変化の激しい時代は、限りある時間を、「判断」ではなく、「実行」の部分に投入すべきなのである。

第三章

◀リーダーは「判断」するのが仕事

決断力を高めるにはデッドラインをつけろ

プロセスより結果、インプットよりアウトプット、そして、慎重さよりも実行力。前章では、プラグマティックな仕事をする上で、いまのビジネスマンが何を優先すべきかを述べてきた。

そして、こうした**実効性のある仕事を根底から支えるのが、「決断力」**だ。仕事のアウトプットは、実行力がなければ高まらない。そして、決断力に欠ける人間は物事を実行することができない。どんなにすばらしいアイデアや理念があっても、**決断力がなければ何一つ実現しない**わけだ。

では「決断力」はどうすれば高まるかといえば、そこに時間的な制約、つまり「デッドライン」をつけるにかぎる。意思決定を行なう人間に無限に時間を与えて、その考えがまとまるのを待っていたら、いつまでたっても仕事を実行に移すことはできないだろう。常に「即断即決」を求めて、計画を次々に実行すべきだ。だからこそ、「デッドライン」は「プラグマティックな仕事」に不可欠な道具となるのである。

とくに、現在のように「与えられた状況」が刻々と変化し、しかも「一〇〇年に一度」といわれるほどの危機を迎えている状態では、組織のリーダーは常に「待ったなし」の判断を迫られる。「有事」のときほど、迅速かつ高度な判断力が必要なのだ。

　たとえばアメリカの軍隊では、「分析力」と「常識」に加えて「判断力」が重要視されている。敵と戦っているときは、正確に状況を分析し、常識（＝前例ではない）に基づいてすばやく決断を下さなければいけない。「ここは慎重に様子を見よう」などと言って行動を起こさずにいれば、味方の損害が拡大する一方だ。

　同じく常に「有事」に能力を試される消防隊でも、リーダーの「判断力」が重視されている。これはリクルートワークス研究所の機関誌『Ｗｏｒｋｓ』（二〇〇八年一〇―一一月）で読んだ話だが、さいたま市北消防署の第二大隊長の根岸《ねぎし》勇《いさむ》氏によると、「大隊長は消火活動はしない」そうだ。現場では全体が見渡せる位置に立ち、状況や隊員の動きを見ながら、「このままでいいのかいけないのかの判断をひたすら繰り返す」のがその仕事だという。

　だから「判断しない、いるだけという指揮者」は最悪だ。同じ「三振」でも、「見逃しの三振」は絶対に許されない。たとえ判断にミスがあっても、判断しないよりはマシということだろう。

朝から晩まで「判断」を続けるのがリーダーの役割

これは、企業経営者や管理職などのビジネス・リーダーにも、そのまま当てはまる話だ。社長であれ部長であれ課長であれ、部下を指揮する立場の人間は、朝から晩まで「判断」を繰り返すのが基本的な任務である。

しかし実際には、その基本を理解していないリーダーが少なくない。

たとえば、現場の「プレーヤー」として優秀だった営業マンなどは、部下を動かす管理職になってからも、「自分で動いたほうが話が早い」とばかりに、自ら火中に飛び込んでいく傾向がある。

その場合、たしかに目の前のその火元に関しては、うまく消火活動ができるだろう。だが、現場で動いている仕事はそれだけではない。あっちでもこっちでも、火の手が上がっている。

しかしリーダーが一ヵ所で必死に仕事をしていたのでは、ほかの場所に目が届かない。そのため部署全体としては、良い結果が出ないのである。

もっとも、自分で「消火活動」をするなら、まだマシなほうかもしれない。

管理職の中には、自分では動こうとせず、全体を見渡して決断を下すこともしない人間がいる。どんな状況になっても「このままでいいのかどうか」を判断せず、部下に丸投げしたまま傍観しているのだ。

しかもタチの悪いことに、こういう管理職にかぎって、すべてが終わったあとで「あそこにこんな判断ミスがあった」とか「どうせうまくいかないと思っていた」などと評論家のようなことをいう。

「だったら最初から言ってくれよ！」

と部下が怒りの声を上げるタイプの上司だ。

こういう中間管理職は、決して頭は悪くなかったりするので、会社の上層部からは意外に評価されていたりする。失敗は部下のせいにし、手柄は自分のものとしてアピールする術に長《た》けているせいもあるだろう。

だが、そんな人間がリーダーを務めていれば、そのうち組織はダメになる。決断のできないリーダーに率いられた集団は、船頭のいない船と同じだ。

「平時」と「有事」でリーダーの立ち位置は違う

さて、リーダーは「判断」のために全体を見渡すポジションにいなければならないが、その立ち位置は状況によって異なる。

先ほど紹介した消防署の大隊長の場合、図式化すれば、その立ち位置は「A」のようなイメージだろう。ビジネスの現場でも、「平時」はこれでよい。実作業は部下に任せて、リーダーは全体の動きを背後から見守り、状況判断をしながら指示を出す。先ほど消防隊は「有事」に能力を試されると述べたが、火災現場はわれわれ一般人にとっては「有事」であるものの、消防隊にとってはそれが日常的な「平時」の仕事だ。

会社の場合、リーダーが「A」のポジションに立ち、実作業を個々の部下に任せるときには、もちろん与えた仕事に「デッドライン」をつけることが前提になる。それによって仕事のスピードや優先順位を明確にしながら、全体の流れがおかしくならないよう、チームの動きをコントロールするわけだ。

だが、リーダーが常に「A」のポジションにいれば組織を動かせるかというと、そんなことはない。「平時」はそれでいいが、ひとたび「有事」となると、後ろで状況判断をするだ

リーダーシップの必要性

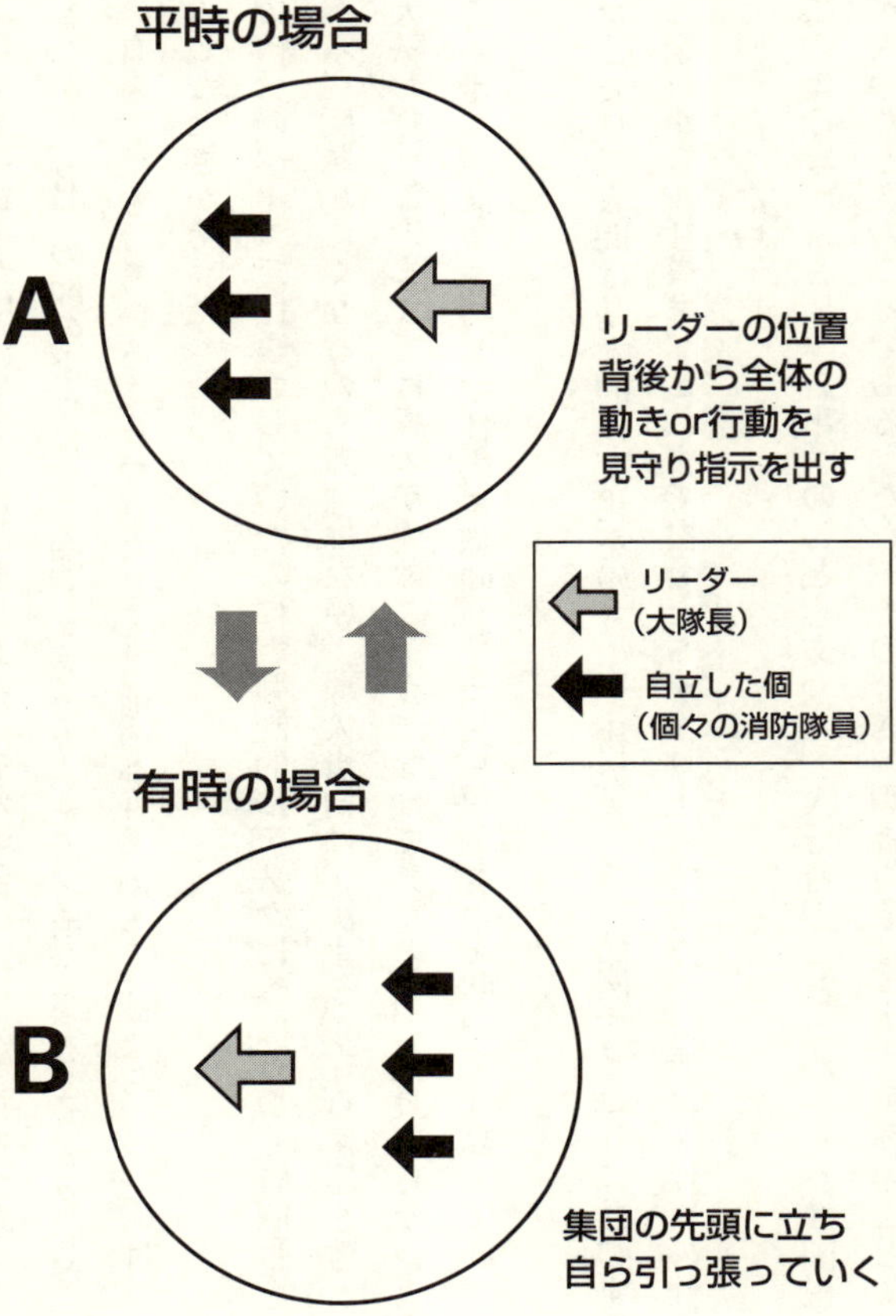

けでは、満足できる結果が期待できないときがある。その場合は、しょっちゅうあってはいけないことだが、「B」の図のように、集団の先頭に立って自ら引っ張ることも必要だ。

会社の「有事」にもいろいろあるが、たとえば前の会社の例をとるなら、「がんばるタイム」を導入したときがそうだった。

それまで自分のペースで仕事をしていたのに、強制的にデスクにへばりつく時間帯を設定したのだから、反発したくなるのも無理はない。導入当初は、決まりを守らず席を離れている社員も大勢おり、このままでは導入が失敗しそうになってきたので、社長自らサッカー用の音の大きいホイッスルを持って社内を巡回し、「ピピッ」と笛を吹いて注意して回ったものだ。

前述したとおり、人間は基本的に変化を嫌う生き物である。「前例」どおりに行動するのがいちばん楽だから、社員は、これまで自分たちが作り上げてきたシステム・仕事の仕方をあまりいじられたくない。

また、このような、まさに「有事」のこともあった。大分昔のことだが、それは国税庁の税務調査が入ったときのことである。ただ、そのときの調査対象は平素の税務のことではなく、移転価格についてであった。簡単に言うと、商品の輸入価格が本来の価格以上に高く設定されていたなどして、日本で上げるべき利益を海外に移転しているのではないかということを調べる調査である。われわれにとってはまったく新しい形態の調査であり、どう対処すればいいのかも詳しいことはわからなかった。

担当の部署が、当初、その調査に応じていたのだが、慣れていないこともあって、時間もかかり、また会社として積極的にアピールすべきこともできておらず、全体の流れとしてまずい方向に行っているという報告がしばらく経つと上がってきた。輸入量が多いので、もし問題があるとなると、結果として大変大きな税金を取られる事態になってしまう。ということで、あり得ないと言われたが、それ以降の税務調査の会議には私自身もすべて参加することとし、その分野の専門家、弁護士を含んだチームを早急に立ち上げた。その結果、留意点・修正点はいくつか指摘されたものの、何とか問題なしというところで着地することができた。

初めの段階での対応のまずさにもかかわらず、その際の国税庁の公正な対応にはいまだもって深く感謝している。

「右向け右！」で各論反対の足並みをそろえさせる

したがって、「がんばるタイム」のような従来と異なるシステムを導入しようとすると、チームの足並みが乱れて会社が「有事」に陥りやすい。

たとえば、ＩＳＯ１４０００といった環境マネジメントシステムの国際規格を導入するかどうかで、内部が紛糾する会社は少なくないだろう。

しかも環境マネジメントシステムの導入は、社会貢献の意味はあっても、会社の利益を高めるという点では、どれだけのメリットがあるのか疑問符がつく。「環境保護」という大義名分には逆らいにくいので、一応は「総論賛成」となるのだが、必ず「しかしうちの部署はこういう事情もあるので……」とあちこちから「各論反対」の意見が噴《ふ》き出して、収拾がつかなくなるのだ。

こういうとき、リーダーが後ろから見ていたのでは、まとまる話もまとまらない。組織には、ときに「右向け右！」と号令をかけて、やや強引にでも全員に足並みをそろえさせる存在が必要である。

「総論として良いことは明らかなんだから、全社的にやれ！」

そんな掛け声とともに、トップが先頭に立って引っ張らなければ、「各論反対」の状態をひとつに束《たば》ねることはできないだろう。

また、会社がトラブルや不祥事を起こしてしまったときも、リーダーが前面に立つべき「有事」のひとつだ。これは内部の組織を引っ張るというよりも、外部に向けて「リーダーの顔を見せる」ことが求められる。

たとえば不祥事を起こした会社の社長が、謝罪会見に自ら姿を見せて頭を下げなければ、「あの会社はどうなっているんだ」とますます社会的な評判が下がるだろう。いわば「二次災害」を起こすようなものだ。逆に、謝罪の態度が見事なら、会社のイメージアップにつなげることもできる。「禍《わざわい》を転じて福」とできるかどうかは、社長のリーダーシップにかかっているのである。

社長だけではない。中間管理職も、部下のミスで会社に迷惑をかけた場合は、自分が全責任を背負って批判の矢面《やおもて》に立つべきだ。部下の後ろから「おまえらが失敗したんだから、ちゃんと謝ってこい」と背中を押すような人間に、チームを動かすことはできない。

「ワンマン経営者」の会社が伸びる理由

ともあれ、組織のリーダーは「A」と「B」のポジションを状況によって使い分けることが必要だ。サッカーでいえば、ときにはフォワード、ときにはディフェンスやゴールキーパーまで務めるようなものである。

しかし、そこまでオールマイティなサッカー選手は滅多にいないのと同様、現実には、両方のポジションを臨機応変にこなせるリーダーは少ないだろう。本人のキャラクターもあるので、「A」か「B」のどちらかに偏りがちだ。

それでも、基本的に「A」のポジションが得意な経営者は、「有事」を迎えたときに「B」のポジションに移行しやすいだろう。サッカーの試合で、どうしても一点取りたいロスタイムに、ゴールキーパーが最前線まで上がっていくようなものだ。

それに対して、ふだんから「B」のポジションが得意な経営者もいる。こちらは「平時」から先頭に立ってチームを引っ張っているので、「有事」になればなおさら前に出ようとするだろう。

こういうタイプを、世間では「ワンマン経営者」と呼ぶ。何から何まで「オレが、オレが」で自ら首を突っ込まないと気の済まない人たちだ。

ワンマン経営者は部下に仕事を任せることができないので、いつも現場で「こっちだ！」「あっちだ！」と陣頭指揮を執《と》っている。情報の共有化が一切なされないまま、いわゆる「オレについてこい状態」である。消防署の大隊長が、自分でホースを握って走り回っているようなものだ。部下としても何をしてよいのかわからないまま、バタバタとした状況が延々と続く。

しかし、こういうタイプは意外に失敗が少ない。いちいち現場で陣頭指揮を執っていたら、全体が見えなくなりそうなものだが、企業経営者としてこれができる人たちは能力も人並み以上に高いし、会社すべての現場にも精通していることが多いので（だからこそ強烈な自信があるのだろう）、走り回りながらも意外と広い視野を持って全体を見ているのだ。

実際、この長く続く不況の中でめざましい業績を上げている企業はどこかと見てみると、ワンマンタイプの経営者が活躍しているケースが非常に多い。先日も、あるファンド関係者と会ったときに、「どうしてワンマンの会社が伸びるんでしょうね」という話題になったくらいだ。

実は、その理由はハッキリしている。きわめて単純な話だが、ワンマン経営者は「決断」ができるのだ。**「与えられた状況」の変化に対応して、必要な判断を必要なタイミングで下す決断力があるから、現在のような変化の時代には強いのである。**

「決断」ができない大企業のトップ

一方、サラリーマン社長が経営する大企業は、そういう「決断」ができない。社内にいろいろな派閥があるので独断専行ができず、グズグズと根回しをしているうちに決断のタイミングを逸してしまうということもあるだろう。トップが自分の短い任期を平穏無事に送ることしか考えていないから、リスクの大きい意思決定には及び腰になってしまうということもあるかもしれない。

たとえば、これもファンド関係者から聞いた話だが、何百社もの子会社を抱えるある大企業は、その子会社の存在が大きな足枷《あしかせ》になっているにもかかわらず、どうしてもそれを売却できずにいるという。本体が生き残るためには、誰がどう考えても売ったほうが得策なのに、手放そうとしない。

その理由は、ただただ「トップが決断できないから」でしかないそうだ。決断するのが仕事のトップが思考停止状態に陥っているようでは、その会社に未来はない。「決断しないリーダー」より「決断するワンマン」のほうが圧倒的にマシである。

ただし、もちろんワンマン経営者にも大きな問題がある。部下に仕事を任せないので、どんどん社員が辞めていってしまうのだ。能力のある「良い人材」ほど、トップがワンマンだと嫌気が差して辞めてしまうから、社員のレベルは下がっていく。社員のレベルが低いから、ますます現場に任せられなくなってワンマン態勢が強化されるという悪循環に陥りやすいのである。

そのため、ワンマン企業は「有事」に強く、短期的には大きなアウトプットを得ることができるが、長期的には、いかに老齢になろうが、ワンマン経営者自身がどっぷりつかって仕事をしつづけないかぎり、利益を出し続ける安定感には欠けることになる。会社の将来を考えれば、その強力なリーダーシップは「有事」にだけ発揮して、「平時」には仕事を部下に任せ、デッドラインを設定することによって、確認は常にしながらも後ろから見守るのがベストだ。そのことによってのみ、部下が育っていくことも事実なのである。やはり組織にとっては、両方のポジションをこなせるリーダーが理想なのである。

パワーポイントの報告書は時間の無駄

会社の「平時」に仕事を部下に任せられないリーダーには、社員が意欲を失って辞めてしまう以外にも、もうひとつマイナス面がある。

というのも、部下に「仕事を任せない」とは、現場に「権限を与えない」ということだ。しかも、ワンマン経営者の多くはその結論に達した情報やプロセスの共有化にはあまり興味がないので、部下は毎回の事例で倣《なら》うことができない。したがって部下は事あるごとに、いちいちワンマンのリーダーにお伺《うかが》いを立てなければならないということになる。現場の判断で動くことができないわけだ。さらには、ワンマン経営者タイプと違っても、性格的に部下に仕事を任せられない上司は、部下に「ホウ・レン・ソウ（報告・連絡・相談）」を強要する。一見、日本的な仕事の仕方であるように見えるが、何事にも時間がかかることとなり、組織としての効率が下がってしまう。

会社によっては、「ちょっと、よろしいでしょうか？」と上司にお伺いを立てる、あるいは相談することが美徳とする会社もあると聞く。そうすることによって、情報並びに判断に至ったプロセスの共有化はできたとしても、これも仕事の責任分野を明確にできておらず、必然権限も与えていないことの裏返しなのである。ワンマン経営者タイプと大して変わらないことになるし、相変わらず部下は大きく育ってこない。

その象徴が、「パワーポイントでの書類作成」だ。ワンマン経営者の会社だけでなく、経営者が現場から遠く離れている大企業でも、これが社内で大量に作られている。現場からトップまでのレイヤーが多く、下から順番に報告を上げていかなければならないので、見た目にわかりやすい書類が必要になるわけだ。

しかしパワーポイントで見栄えのいい書類を作成するには、相当な時間がかかる。報告の内容よりも、そのデザインをいかにきれいにするかに腐心する人も多いだろう。人間心理の必然として、自信のある報告なら手書きのメモ一枚で済ませられるのに、どうでもいい内容の報告書ほどレイアウトに凝《こ》ってしまったりもする。

社外に対するプレゼンテーションならともかく、社内の連絡文書にそんな手間暇をかけるのはバカバカしい。たとえパワーポイントを使っていないとしても、「ホウ・レン・ソウ」

の時間コストは、塵も積もれば山となる。メール一本を書くにも、それなりの時間はかかるものだ。

「ホウ・レン・ソウ」は仕事のできない人間のOJT

世間では一般的に、「ホウ・レン・ソウは仕事の基本」ということになっている。会社の仕事はチームプレーだから、各個人が報告や連絡や相談をせずにひとりで勝手な行動を取っていると、組織的な動きに乱れが生じるということだろう。

実際、経営者や中間管理職の中には、あらゆることについて部下に「ホウ・レン・ソウ」をやらせようとする者が多い。現場で何が起きているかを一から十まで把握し、動きを完全にコントロールしたいわけだ。

もちろん私も、「ホウ・レン・ソウ」の意義を理解しないわけではないし、それをすべて否定するわけではない。だが、これは「使い分け」が肝心だ。

チームで仕事をするメンバーそれぞれの力量は、同じではない。安心して仕事を任せておける人間もいれば、常に誰かが手取り足取り教えてやらなければ何もできない人間もいる。

「ホウ・レン・ソウ」を徹底して励行させなければいけないのは、後者の「仕事ができない人間」だ。ひとりでは仕事ができないから、指導的な立場の人間に頼らなければいけない。

つまり「ホウ・レン・ソウ」とは、まだビジネスマンとして独り立ちできていない人間にとっての「ＯＪＴ（On the Job Training）」なのである。訓練をチーム全体にまんべんなく励行させたのでは、組織の効率は上がらない。

ちなみに、それぞれの社員に仕事を任せられるかどうかを見極める上でも、「デッドライン会議」は役に立つ。前の会社の早朝会議では、さまざまな仕事の担当者にデッドラインを厳守してもらい、持ち寄ってきた「どう、いつまでに終わらせる」というロジックに基づいた結論を聞けば、それだけで個々の力量を見抜くことができた。

また、内容を粉飾したパワーポイント文書ではなく、口頭で報告をさせるから、内容の良し悪しにも明らかな差がつく。社員自身も、他人と自分をその場で比較することで、おのれのレベルがわかっただろう。そこで自他共に「仕事ができる」と認める人間には、「ホウ・レン・ソウ」を義務づけることなく、仕事を任せられるのである。

任されなければ「仕事というゲーム」は面白くない

会社は「利益を上げる機械」だが、そこで働く人間は機械ではない。したがって、仕事にはやり甲斐《がい》や楽しさが必要だ。

私は常々、「ビジネスはゲームだ」と考えている。自分で知恵を絞って、いかに利益を上げるか。そういうゲームだから、どうせやるなら楽しまなければ損だ。そして、このゲームを楽しむには、自分に与えられた裁量の幅や権限が大きければ大きいほどいい。人を生き生きと働かせるには、やはり「仕事を任せる」ことが大事なのだ。

ここで、少し私自身の経験をお話ししておこう。

私は前の会社に入社する前に、香港のメリタパシフィックというコーヒー会社で仕事をしていたことがあった。正確にいうと、その子会社として「メリタ・マーケティング・香港リミテッド」が設立され、その会社を任されていた。

そこで、何をしなければならないか。

仕事を始めるにあたって、親会社の上層部からは「コーヒーの事業をやってください」といわれた。コーヒー会社なのだから、当たり前である。そこで私は、「具体的には何を?」

と質問した。返ってきた答えは実にシンプルだ。

「利益を上げることです」

以上、上からの指示はおしまい。何でもいいから、おまえたちの判断で儲けろ、ということである。これほどやり甲斐のある「ゲーム」はない。

とはいえ私はその子会社のトップではなく、上にはアジア地区統括会社の社長と兼任のドイツ人社長がいる。とりあえずは、彼の方針にしたがうしかない。ボスは以前から小売りが専門なので、メリタのレギュラーコーヒーを一般消費者に売ろうと画策した。

しかし、これがうまくいかない。いまでこそ家庭でレギュラーコーヒーを飲むのは当たり前だが、当時（一九七〇年代の話だ）は日本でもそんな習慣は根づいていなかった。しかも香港は英国の植民地だったから、人々はコーヒーよりも紅茶に親しんでいる。また、ドイツのメリタはコーヒー器具では有名だが、コーヒーそのもののブランドイメージはあまり高くない。

そのため、小売りの展開は完全に失敗に終わった。しかし「利益を上げろ」といわれている以上、ここで諦《あきら》めるわけにはいかない。それに、「小売りで結果を出せ」というミッションを受けているわけではないので、これで自分たちの仕事そのものが失敗したというわけでもない。ほかにも、利益を上げる道はあるはずだ。

業務用コーヒーで成功した「作戦」とは

そこで私は、一般消費者への小売りに見切りをつけ、業務用のコーヒーを売ることにした。カフェやレストランに、メリタのコーヒーを使ってもらうのだ。

とはいえ、いきなり「メリタを使ってくれ」と頼んで買ってもらえるほど甘くはない。私は、メリタのブランドイメージを最大限に利用することにした。先ほども述べたとおり、メリタはコーヒー器具の分野では評価が高い。マシンの機能はもちろん、デザインも洗練されているので、使いたい店は多いはずだ。しかし大型のものであると一台一〇〇万円以上もする高価なマシンなので、そう簡単には導入できない。

私はその機械を、店に無料で貸与することにした。三年後には、たった一香港ドルで店に譲渡する。その代わり、メリタのコーヒーを店で使ってもらうわけだ。

メリタのコーヒーはやや単価が高かったが、ドイツのコーヒー豆は細かく挽《ひ》いてあるせいで、一杯あたりのグラム数はほかの豆より少なくて済む。したがって店としては、良質のコーヒーであるにもかかわらず一杯あたりのコストが従来とほとんど変わらない。しかも、それを使っていれば、三年後にはすばらしいマシンが店の物になる。

コーヒーの業務用機械を貸し出すという仕組みは日本ではむしろ当たり前の仕組みだったが、これは香港中の大型ホテルをはじめ地場の飲食店に大いに歓迎された。ただし、営業活動が楽だったわけではない。現地の販売代理店を使ったのだが、当初はこれがなかなか思うように動いてくれなかった。

それで始めたのが「早朝会議」である。私は自分の会社には行かず、直接代理店の会議に毎朝一番で顔を出し、厳しいデッドラインをどんどんつけて、営業の指示を出した。これについては後ほどまた話すことになるが、それでようやく仕事が進むようになったのである。

その結果、メリタはマシンのみならずコーヒー自体でも、香港でナンバーワンの存在になった。当然、利益も上がる。この「ゲーム」は、私にとって実に面白いものだった。もし親会社にどうすればよいかと相談し、そのドイツの考え方・営業手法に基づく指示を待って動いていたら、たとえ結果は出ても、私自身は何の達成感も得られなかっただろう。

本社に相談なしで始めた直営店

その後、前の会社の経営者になってからも、私はドイツ本社のオーナーにいちいち相談することなく、自分の判断で始めたプロジェクトがある。

あとで、うまくいき始めた時点でオーナーに説明した際に小言をいわれたことを覚えている。だが、本社のオーナーに許可を求めても、初めから認められないことがわかっているもので、しかも今後の会社の将来にとり、絶対に必要不可欠なものとプロジェクトに拘《かか》わる全員が信じているものであれば、むしろやらない手はない。外資系の現地法人社長というのは、往々にして本社の操り人形のような存在になりがちだが、それでは自分のゲームにならないのでつまらない、と私は思っていた。

たとえば私は「アモスタイル」という直営店を展開したが、これはドイツの本社ではあり得ない考え方だった。実際、それ以前には、どの国にも直営店はなかった。百貨店、スーパー、専門店といった既存の販売チャンネルに卸して自社製品を販売するのが、昔からのスタイルだったのだ。

しかし私が社長になった一九九二年の時点で、そのやり方にはすでに限界が見えていた。

百貨店もスーパーも専門店も売上が落ちていくことがわかっていたので、その三つに頼っていたのではジリ貧だ。

そこで私たちは「アモスタイル」という新ブランドを立ち上げて、直営店を出し始めた。

これは従来のラインナップよりも価格が半分以上も安い。それを企画した背景には、中国から安い商品が日本にどんどん入ってくるようになったこともあった。価格だけの競争では太刀《たち》打ちできないが、「可愛くて、安くて高品質」の商品を出せば勝負になる。

だからアモスタイルでは、「圧倒的品揃え」「圧倒的バリュー」「圧倒的新製品」の三点を前面に打ち出した。価格は安いが品質は良く、しかも次々と新しい商品が出てくる。その路線を徹底して推し進めた結果、直営店での売上は急速に伸びていった。

アモスタイルが成功したのは、「可愛くて、安くて高品質」だけが理由ではないだろう。やはり、直営店で展開したのが大きい。

百貨店やスーパーでの販売は、売り場の面積が七坪から一〇坪程度と非常に狭く、そのため品揃えにもかぎりがあった。しかし直営店の場合、三〇坪程度のスペースが確保できる。たくさんの商品を並べられるし、照明なども効果的に使えるので、見栄えがいい。ユーザーへのアピール度がきわめて強いのだ。

このアモスタイルが何店舗かできた頃、ドイツ本社からオーナーが来日し、「その直営店を見せてほしい」というので、私は現場に案内した。オーナーは、こんな小言をいった。

「これが、おまえの退職金になるだろう」

失敗したら退職金はないものと思え、という意味だった。でも、私には「止めろ」といわれなかったことが何よりで、逆に大変嬉しく思ったことを覚えている。自分の退職金さえ覚悟すれば、思い切ったことができるのだから。

私が退職する時点では、直営店は二百数十店にまで増え、年間の売上は一七〇億円近くまで伸びた。もっとも、退職金は規定に基づいたものしか支払われなかったので、たぶん、オーナーは自分のいったことを覚えていなかったのだろう。とはいえ、私としては自分のゲームとして十分楽しませてもらったので、この件に関しては今でも大変感謝している。

論理的には完璧だが不愉快なフランスのサービスレベル

ところで、「決断」を下すための判断力を高めるには論理的な思考力を磨くべきだが、だからといって、ビジネスをすべてロジックだけで動かせばいいというものでもない。「過ぎたるはなお及ばざるがごとし」で、行き過ぎたロジックは考えものだ。

私はそれを、ビジネス社会を引退してから、あらためて実感している。社長を退任してからおよそ二年半、一年の三分の一近くをフランスだけで過ごす生活を楽しんでいるのだが、フランスで消費者として暮らしていると、向こうの人々がロジック一本槍の考え方から脱却できていないことに苛立つことが多いのだ。これは基本的に欧米諸国を通じて感じられるものである。

フランス人のとくに現場で働いている人たちは、たとえサービスの分野であっても、正しいロジックさえ通っていれば、自分を中心に考えて、それ以上のことを客に提供する必要はないと考える。この場合のロジックとは、会社から自分に与えられている仕事だけで十分忙しいし、給料もその仕事に対し払われているのだから、まずはそれさえ、ちゃんとこなせばよいので、それ以上の必要性、たとえば、客の立場に立って考えて余計なことをしてあげる必要はないと考えるということだ。客の感情よりも、論理的な正しささえ通っていればよいとする彼らの基本姿勢だ。

日本人の持つ勤勉性という優れた点が仕事に対する態度そのものを基本的に違えている、と感じる。フランスのスーパーでも〝お客様第一〟といったようなスローガンを刷り込んだチョッキを従業員全員が着て働いていたりするので、会社としてはそこに問題ありと認めてはいるのだろうが、本当に良いサービスをしてくれたという例は、いまだ私の経験では皆無に近い。

たとえば一昨年の一二月のこと。私はフランスのシャンパーニュ地方を訪れ、年末に開催するホームパーティのためにシャンパンを二カートンほど安く購入して、南仏の妻の実家宛に送った。

そのシャンパンが届いたのは、それから一週間以上も経過した一二月三〇日のことだ。しかし私も妻もその日はたまたま外出しており、受け取ることができなかった。

こういう場合、日本の宅配業者なら、再配達の方法を不在票に事細かく書いていくから、さほど心配はない。

そこには、ドライバーの携帯電話番号や配送センターの無料受付電話番号のほか、インターネットでの連絡方法なども書いてあるから、客は自分の都合に合わせて選ぶことができる。早い時間帯の不在票なら、その日のうちに再配達を受けることもできるだろう。黙って放っておいても、翌日にはまた配達してくれるのがふつうだ。

しかしフランスの配達業者が玄関先に残した一枚のメモには、「一二月三〇日の午前一一時にお届けにあがりました」としか記されていない。連絡先の電話番号も書いてはあるが、どうすれば再配達してもらえるのかは不明である。

つまり彼らのロジックでは、こういうことだ。

「こちらは依頼されたとおり、たしかにシャンパンをここまで運んできた。だが、受取人がいないので持ち帰る。その証拠にメモを残す。受け取りたいのなら、書いてある電話番号に連絡してほしい。××日までに連絡がなければ発送元に送り返す。以上」

荷物を届けたときに受取人がいなかったのは、配送を依頼した側の問題で、こちらの責任ではない、といわんばかりである。

ましてや、客がそのシャンパンを何のために購入したかということまで配慮する気持ちなど、微塵《みじん》もない。年末のパーティ用に買ったのなら、一二月三〇日に受け取れなかったら焦るだろうな……なんてことはまったく考えようとしないのだ。

そして結局、私たちはそのシャンパンを年内に飲むことはできなかった。メモを見てすぐに連絡したのだが、さんざん交渉した挙げ句になんとか合意できたのは、「翌年一月三日に配達する」ということだけだ。

決して愉快ではないが、ロジックの点では相手が間違っているわけではない。

客が購入した商品を、客が伝えたとおりの住所に、瓶を割ることもなく届けたのだから、論理的にはパーフェクトな仕事である。フランスのサービスレベルを考えれば、四日後に受け取れただけでも良しとせざるを得ないのかもしれない。だが、こんな業者には二度と注文したくないと思ったのも事実である。

ストによる欠航を謝罪さえしない空港職員

また、フランスの空港ではこんなこともあった。パリから南仏の妻の実家へ飛行機で行こうとしたときのことだ。

間の悪いことに、その日は空港の地上職員がストライキを決行していた。もっとも、これはフランスではいまだよくあることだ。ストによる欠航自体は、諦めざるを得ない。

しかしお金を払っている客としては、当然、「次の飛行機はいつ飛ぶのか？　その飛行機には乗れる余地があるのか？」ということが気になる。まったくチャンスがなく、そこでいくら待っていても仕方ないのか、あるいは多少なりとも可能性があるのか。それを判断する情報が欲しい。

ところが航空会社のスタッフにいくら問いただしても、

「わかりません。ストライキ中なので、何もはっきりとしたことはわからないのです」

と繰り返すだけだった。

ならば飛行機以外で帰る手段を探してみるしかない。そう思って、レンタカーやTGV（フランスの新幹線）にも問い合わせたが、空港から半径一五〇キロメートル圏内には一台のレンタカーもなく、TGVもすべて満席だ。

結局、空港で不安を抱えながら、前日からフライト再開を待っている人たちと一緒に待つよりほかに何もできなかった。しかし、そんな乗客の事情や感情に配慮しようという態度は、どの職員にも感じられない。唯一、確定した航空チケットの予約を入れられる電話番号を空港スタッフから聞き出したが、その番号にかけてもずっと話し中でまったく通じず、結局その方法も諦めるしかなかった。

やっと妻の実家に着いたのは、翌日のことだ。飛行機に乗れたわけではない。TGVのチケットをパリ在住の友人にインターネットでうまいこと取ってもらい、さらにはその友人の家に泊めてもらって、何とか事なきを得たのである。

あのときの航空会社スタッフも、先の配送業者と同様、振り回すのは無感情なロジックのみだった。「ストライキなのだから仕方がない」と単純に割り切り、そこから先にはまったく進もうとしない。

このような考え方では、今後もサービスの質的な進歩は決して望めないだろう。ちなみに私が在籍した前の会社では、ストライキなどというものはなかったが、こういった特殊な事態が発生した後には必ず「反省会」を開き、改善点を見つけてマニュアルに残したものだ。「禍を転じて福」とするような態度が、本来なら仕事のレベルを向上させるのである。

ロジックを超えて顧客の感情に対応する「和魂洋才」で日本のサービスは伸びる

日本国内の空港で同じような事態が起こった場合、航空会社や鉄道会社の職員は、いろいろと質問してくる乗客に対して、決して「ストや事故だから仕方がない」とは口にしない。それどころか、天候や乗客側の事情による不慮の遅延・運休のような、事業者側にまったく責務がないケースでも、まず「お急ぎのお客様には大変ご迷惑をおかけし、申し訳ございません」と謝罪の言葉を発するだろう。

ほとんどの欧米人は、自分のせいでもないアクシデントについて謝罪する理由がまったく理解できないはずだ。論理的におかしいからである。

しかし日本人には、アクシデントの「原因」はともかく、顧客に迷惑がかかったという「結果」に対して責任を持とうとする気持ちがある。「天候悪化などは自分たちではどうにも対処できないが、それでも確実に乗客に不便をかける要因になる」という発想が、サービスの原点にあるわけだ。

宅配便サービスも同じこと。指定された期日・時間にモノを届けるのは当然で、日本の場合は顧客が「期日・時間を指定した事情」まで考慮する。だからこそ、受取人が不在だった場合のさまざまな対処方法が細かく整備されるようになったのだろう。

前述したとおり、昔から日本人は欧米人に比べて論理的な思考に弱点がある。しかしグローバル化が進むビジネスの現場では、日本人も欧米流のロジックを身につけ、それを活用できるようにならなければ勝負にならない。

しかし、いま紹介したフランスの例のように、ロジックのみの考え方が、かえってビジネス改善の妨《さまた》げになることもある。逆に、ロジックを超えた領域でも顧客のニーズを満たそうとする日本独特の姿勢が、製品・サービスの質を世界で戦えるレベルにまで飛躍的に向上させてきたこともまた事実だ。

もちろん、このやり方だと、ロジカルに割り切るよりも手間暇がかかることはいうまでもない。それでも、これを厭《いと》わずに努力していくことが重要だろう。

顧客の感情や事情を慮《おもんぱか》って、「論理的に考えたら絶対にしない、あるいはできない」と思えることにも、あえて挑戦する。昔から日本人のあいだに当たり前のこととして根づいてきたこの考え方を今後さらに発展させていくことができれば、世界に誇れる製品・サービスの開発・提供の維持につながり、日本は国際舞台で確固たる地位を築けるはずだ。

事実、この不況の中でも業績を伸ばしている日本企業には、「顧客重視」の精神を徹底的に貫いているという共通点があるように感じられる。とくに、生活者の衣・食・住に近い位置でビジネスを展開している業界に、業績の良い会社が多いのは、その精神が具現化されている何よりの証拠だろう。

もともと、サービス業を中心とする日本企業の「顧客重視」いわば顧客に対する「GNN」（義理、人情、浪花節）の徹底ぶりには、欧米には決して存在し得ない強さがある。

日本が率先する形で、現在の閉塞した経済情勢を打開するためのカギは、この「GNN」の強さを見つめ直すことにあるのかもしれない。欧米流のロジックに、日本独自の「GNN」を加味すれば、まさに「和魂洋才」の新しいビジネス・スタイルを確立できるのではないだろうか。

第四章

▶「ネグる力」を身につけよ

「ホウ・レン・ソウ」の欠かせない人材は「二軍」に落ちる時代

さて、組織のリーダーは部下に一定の範囲で仕事を任せなければいけないが、だからといって「仕事のできない奴」にゲームを楽しませられるほど、会社は甘くない。仕事を任せられたければ、それに見合う能力が必要だ。組織が「ホウ・レン・ソウ」による非効率をなくしたり、「ワンマン」による弊害をなくしたりするには、リーダーの采配だけではなく、部下の側にもそれなりの努力が求められる。

「うちの社長はワンマンだからやってられないよ」

「部長はオレのことを信用してくれないから、やる気が出ない」

などと愚痴をこぼす前に、自分自身の力量を点検してみるべきだろう。

そうやってワンマン社長への不満をブツブツと言っている人にかぎって、

「そういう会社だから、おまえ程度の人間でもやっていけてるんじゃないの？」

といいたくなるタイプだったりするものだ。そういうタイプはいつも自分を棚に上げて他人のせいにするから、ほかの会社に行ったら、逆に「上司が何でもかんでもオレに仕事を押しつける」などとボヤくに違いない。

それはともかく、仕事を任してもらえない人材は、「ゲーム」を楽しむ以前に、会社に残れるかどうかも微妙だろう。

景気がよくて会社に余裕があった時代には、常に「ホウ・レン・ソウ」の欠かせないような「訓練生」レベルの人材でも、正社員として雇うことができた。でも、これからはそうはいかない。第一章でも述べたように、いまは正社員と非正規従業員のあいだでも、激しい生き残り競争がある。

成績の上がらないプロ野球選手が監督から二軍落ちを命ぜられるのと同じように、仕事を安心して任せられないような正社員は、非正規従業員と「選手交代」を告げられても文句はいえない。徹底的な「ホウ・レン・ソウ」を励行することでようやく組織の「駒」として使えるレベルの人材なら、派遣社員や契約社員はもちろん、パートやアルバイトにも大勢いるからだ。

だからこそ、これから会社で生き残ろうと思ったら、ギラギラした野性を持つ「自立した個」としての実力を身につけなければいけない。

第一章では、「会社から独立できる能力がある人間ほど、会社に残りやすい」と述べた。

それは取りも直さず、「仕事を任せられる人材」のことだ。群れのあとをついて回るだけの人間ではなく、一匹で野に放っても何とかして獲物を捕らえてくるような人間こそ、仕事を任され、「ビジネスというゲーム」を楽しむことができるのである。

教えられるのを待っている人間は「自立」できない

では、どうすれば「自立した個」として仕事を任される人材になれるのか。

そこでまずいっておきたいのは、そういう人材は教育や研修で育つものではない、ということだ。

前にも述べたとおり、何でもかんでも会社や上司に「教えてくれ」と要求しているようでは、その時点で「自立した個」とは呼べないだろう。野性味のある人間は、ひとりで生きていく上で必要なスキルも、自力で身につける。

もちろん、教育で身につくノウハウもないわけではない。たとえばコンビニやファーストフードなどの店員なら、わかりやすいマニュアルを作成して何日間か研修を受けさせれば、最低限の業務はできるようになるだろう。

だが、これは「能力が高まった」というよりも、単に「作業の仕方が身についた」というだけのことにすぎない。

こういうノウハウのことを、**「形式知」**という。

それはそれで、誰もが持っていなければいけないものだ。だが、それだけしかない人間に仕事を任せる気になるリーダーはいない。マニュアルどおりの接客態度を繰り返すコンビニ店員のように、形式知だけでこなせる仕事をしているだけでは、「できる人間」とは誰も思わないだろう。

しかし、たとえコンビニの店員であっても、ときには「こいつは仕事ができるな」と思わせる人間がいないわけではない。大半はロボットのようなマニュアル人間で、客は自動販売機を相手にしているのと変わらない無味乾燥な印象しか持たないが、中には「また来よう」と思わせる店員がいる。

そういう店員とロボット店員の何が違うかは、なかなか言葉では説明しにくい。ちょっとした言葉遣いや気遣い、機転の利いた段取りの良さなど、細かい「ニュアンス」の部分で差がつくのだ。

こうしたスキルは、決してマニュアル化できない。だから研修では教えられないが、できる人間は（多くは自分でも意識しないうちに）いつの間にか身につけている。これが、「形式知」に対して**「暗黙知」**と呼ばれるものだ。

暗黙知は教えられないが、自ら「学ぶ」ことはできる。「できる人」のやることを見ているうちに、自然とそれを真似るようになったりするわけだ。あるいは「盗む」こともできるだろう。職人の弟子やスポーツ選手などは、師匠やスター選手の動きを貪欲に観察して、その技を盗もうとする。

ビジネスマンも同じことだ。

社員教育で、暗黙知の豊かな「仕事のできる人材」を作ることはできない。たとえば仕事に必要な資格を取得させることはできても、それは単なる形式知だ。最難関といわれる司法試験に合格した弁護士でも、仕事のできる人間とできない人間がいる。「自立した個」として仕事をしようと思うなら、そこから先は、自分自身で努力や工夫を重ねる以外にない。

努力は裏切らない

暗黙知が教育できないのは、ある意味で「野球の四番バッターはコーチの指導では生まれない」のと同じようなことだ。古くは長嶋茂雄や王貞治、いまならイチロー（彼は一番バッターだが）など、数字上の成績が抜きん出ているだけでなく、「ここ」というチャンスで周囲の期待に応えて結果を残すような名選手が、マニュアルどおりの指導で育つとは思えない。

そんな話をすると、暗黙知は「持って生まれた才能」のことではないかと思う人もいるだろう。

たしかに、そういう選手たちには、生まれながらの才能というものが備わっている。それが暗黙知のすべてだとしたら、その持ち合わせがない人間がいまさら何をしても無駄だ。最初から勝負はついている。

しかし当然ながら、彼らの能力は天性の素質だけによるものではない。「天才は一パーセントの閃《ひらめ》きと九九パーセントの努力だ」というエジソンの言葉を持ち出すまでもなく、どんな能力も本人の努力なしには開花しない。

それに、長嶋やイチローやエジソンなら「一パーセントの閃《ひらめ》き」もその成功度に見合った大きさなのだろうが、ビジネスマンが「仕事のできる人間」になるのに必要な閃きなど、たかが知れている。誰でも「九九パーセントの努力」の部分で挽回できるはずだ。むしろ、皆、努力の途中で諦《あきら》めてしまうのが問題なだけだ。

それはきわめて地道な作業だからである。

スポーツ選手の場合、「努力」の大半が退屈な反復練習だろう。「九九パーセントの努力」の中のさらに九〇パーセント以上が、筋力トレーニングやランニングや素振りなどの地道な作業に費やされる。そのプロセスに耐えられるかどうかが、最終的な成績を大きく左右するに違いない。

たとえば、一点ビハインドで迎えた九回裏二死ランナー一塁という場面で打順が回ってきたときに、逆転サヨナラ本塁打を打てるかどうか。

そこで見事にホームランを打ったとき、往々にして、周囲の人々はそれを「才能」や「運」という言葉で片づけようとする。だが、おそらく打った本人はそう思っていない。精神面の鍛錬を含めた努力、すなわち「練習の成果」だと思っているはずだ。

努力は裏切らない

スポーツ選手＝練習は裏切らない
軍隊＝訓練は裏切らない→死亡率が低い

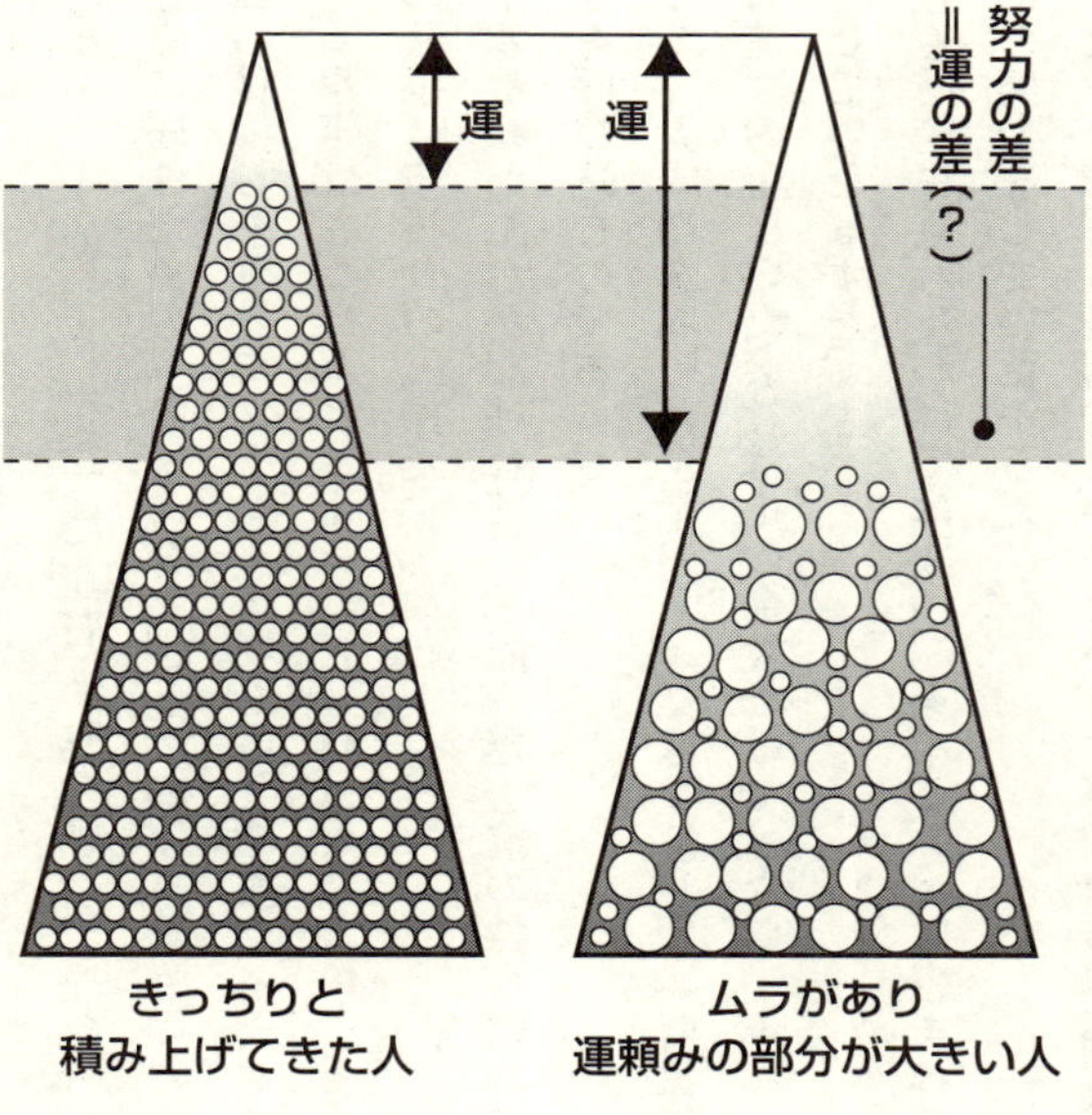

★仕事ではどうすればよいか

↓

まずはメール返信のスピードアップ

そして私は、正しいのは本人の感覚のほうだと思う。

仕事の結果に、多少の「才能」や「運」に左右される部分があることは否定しない。だが、それは高い到達点に届くための「最後のひと押し」のようなものだろう。

たとえば打球が風の後押しを受けてスタンドインしたとしても、そもそも「風があれば入る」ところまでボールを飛ばさなければ、ホームランにはならない。どんなに強い追い風が吹こうが、空振りの三振は空振りの三振だ。

つまり、練習で積み重ねた土台がなければ、才能や運も宝の持ち腐れになってしまうということだ。努力が運を呼び込むのである。

会社の経営も同じで、大成功を収めた企業のトップはしばしば「時流に乗った」などと言われるが、その「時流」の上にいた会社はその会社だけではない。みんな同じ「与えられた状況」の中で仕事をしていたはずだ。

しかし、どの会社も時流に乗れるわけではない。タイミングに恵まれて結果が出たのは、その会社がそれだけの努力をしていたからだ。

スポーツ選手は、よく「練習は裏切らない」という。軍隊なら、「訓練は裏切らない」だ。

戦場では、ふだん激しい訓練を積んでいた部隊ほど、兵隊の死亡率が低いという。個々のケースを見れば、「たまたま流れ弾《だま》に当たった」などの運不運もあるだろうが、全体的に見渡せば、やはり日頃の努力が結果を左右するのである。

ビジネスマンも、「努力は決して裏切らない」と信じることが大切だ。

たとえば正社員と非正規従業員のあいだにも、いまの立場になるまでのプロセスには運不運に左右された部分があったかもしれない。しかし努力を積み重ねることで、人間は運不運の差を縮めることができる。

「どうせオレはツキがないから」

そんなふうに努力を放棄した時点で、人は競争を勝ち抜くのに必要な「野性」を失うのではないだろうか。

メールを五分以内に返信できるか

もし、これからあなたが仕事を任される人材、つまり会社が手放したくない人材になろうと努力するなら、何よりもまず、仕事のスピードアップを図る工夫をすべきだと私は思う。

というのも、仕事の速い人間は、組織の効率化に役立つだけではない。仕事が速いということは、物事の「判断」が速いということだ。

そして、判断の速い人間は、必ず自分の頭で考えている。逆に、自分の頭で考えられない人間は、次に何をすればいいのかを、いちいち「ホウ・レン・ソウ」で確認しないと先に進めない。だから、時間がかかる。要は、「自立した個」になっていないから、決断ができず仕事が遅いのだ。

たとえば、仕事のできる人間というのは、メールの返信ひとつにしても早い。周囲を観察して、そういうことに気づけるかどうかも、「暗黙知」を身につけられるかどうかのポイントだろう。

その観察力がない人間は、すばやい返信をもらったとき、「たまたまパソコンの前にいて暇だったからだろう」などと考えてしまう。もちろん、そういうケースもあるだろう。しかし、いつも返信が早い相手というのは、何かが違うはずだと考えなければいけない。中には、こちらがメールで質問する前に返信を書き始めているのではないかと思うほど早い人間もいる。

では、彼らは何が違うのかといえば、まさに「判断が速いから」にほかならない。返信の遅い人間は、相手からの問い合わせに対してどう答えるべきか、長々と考え込む。すぐには結論が出ないから、つい返信を後回しにして、ほかの仕事を始めることも多いだろう。

しかしメールの返信は、後回しにすればするほど、どんどん面倒臭くなるものだ。受信してからせいぜい五分以内に返信しないと、平気で一日ぐらい経ってしまう。その間、相手はイライラして待ちながら、「こいつは仕事ができない」という気持ちを膨《ふく》らませているわけだ。

返信の早い人間は、必ずしも内容の濃いメールを書いているわけではない。いますぐに答えられないことについては、「いまはわからない」「ちょっと検討してから改めて連絡する」といった返信を即座に送る。「判断が速い」のに加えて、「いまは判断できないという判断」も速いということだろう。

そういう返信でも、相手は安心するものである。というのも、メールのやりとりにおける最大のストレスは、「相手が読んだかどうかわからない」というものだからだ。とりあえず、自分のメッセージが届いたことだけ確認できれば、具体的な回答は後回しでもかまわないことが多い。

だから、判断のスピードを上げようとするならば、必ず「メールを五分以内に返信する」という努力をするのも一つの手だろう。そういう「ストレッチ（背伸び）」をあらゆる場面で日常的に自分自身に強いることで、仕事の能力は伸びる。

メールを五分以内に返信しようと思ったら、誰かに「ホウ・レン・ソウ」をしている暇はない。それどころか、「誰に相談すべきか」と思い悩んでいるうちに、五分くらいすぐに経ってしまう。

したがって他人に頼らず、その場でただちにキーボード上で手を動かしながら自分の考えをまとめなければいけない。ほぼ瞬間的に、「どう返信するのがベストなのか」を判断する力が求められるのである。

社員に自分なりの「結論」を求めた早朝会議

メールの返信にかぎらず、「仕事のスピード」は「判断のスピード」とほぼ一致すると思っていいだろう。仕事の遅い人間は判断が遅い。決断ができないのだ。

たとえば朝、その日デッドラインを迎えた仕事の山を前にして、「どれから手をつけようか」と仕事の段取りを考える時点で判断に時間がかかったりする。それでスタートが遅れて、結果的にはズルズルと残業することになるわけだ。

ちなみに前の会社の早朝会議は、「即断即決」の嵐が吹き荒れるような場だった。

会議は、一時間から一時間半程度。その中で、毎日四〇件から五〇件ぐらいの膨大な議題について決断を下さなければならない。一つの案件にかけられる時間は、長くても二分ぐらいだ。

したがって、部下からの報告を五分も一〇分もかけて聞いている暇はない。また、何か問題があったときに、それについて「ああでもない、こうでもない」と話し合っている暇もない。そんなことをしていたら、一つの議題で何十分もかかってしまう。

おそらくふつうの会社では、そんな「暇」のある会議ばかり行なわれていることだろう。現場の人間が延々と要領を得ない報告をして「こういう問題があります」と会議に丸投げし、その解決策をまた延々と話し合う。結局そこでは結論が出ず、次回の会議に「持ち越し」になることも多いはずだ。

私は、こんな会議に何の意味があるのかさっぱりわからない。単なる時間の無駄である。そこで誰も何の「判断」もしないから、話がちっとも先に進まないのだ。

中には、「会議は話し合いの場なんだから時間がかかっても仕方がない」と思う人もいるだろう。しかし、少なくとも私にとって、会議は「話し合いの場」ではない。「決断を下す場」である。

だから、そこで報告をする人間には、ただ問題提起して「どうしましょう」ということは許されない。こちらが下す決定は「イエス」か「ノー」かの二者択一だから、報告者は「こういう問題があるので、こうしたいと思います」という自分の結論を示さなければいけないわけだ。

つまり報告する部下にも、「判断力」が求められるのである。

これは、それなりのトレーニングを積まなければ、すぐにできることではない。当初は長々と状況説明を続けて「早く結論をいえ！」と私に怒鳴られる社員が何人もいた。

売上の推移などの数字をグラフにしたものを提示して、「現状はこうです」としか報告しないので、「このデータをオレに分析しろといってるのか？」と問い返したこともある。そのデータを自分で分析して、今後の具体的な対策を示さなければ、こちらは「イエス」とも「ノー」とも答えられない。

そういう場合は、こちらが「イエス」か「ノー」かで答えられるような提案を「明日までに持ってこい」と新たなデッドラインを設定するまでの話である。ふつうの会社が会議で「ああでもない、こうでもない」とやっている話を、会議の外で各個人にやらせるということだ。

こういう会議を毎日やっていたので、前の会社の社員は判断力が鍛えられた。判断力が鍛えられたということは、実は「論理的な考え方」が鍛えられたということにほかならない。

ある問題があり、それを解決する具体的な結論を導き出そうと思ったら、その問題をロジカルに考える以外にない。逆にいうと、判断のスピードを上げるためには、物事をロジカルに考える力をつけることが必要なのである。

「なぜ」を問いかけ続けるのがロジカル思考の基本

とはいえ、ロジカルな思考力を身につけるのは、そう難しいことではない。考え方や発想の「クセ」をちょっと変えるだけのことだ。

日本人はこれが苦手な人が多いが、それは「感情」で物事を判断するクセがついているからだろう。何かの良し悪しを判断するとき、「好きか嫌いか」「何が自分にとって気持ちがいいか」「どう判断すれば相手によく思われるか」といったことを基準にしている人は多い。

もちろん、そういう判断基準で考えてもよい問題も世の中にはたくさんあるだろう。休日に何をして過ごすか、友人とどこで酒を飲むか、結婚相手に誰を選ぶか……といった問題なら、感情で判断してもいっこうにかまわない。

だがビジネス上の問題は、「好き嫌い」や「快不快」で判断するようなものではないはずだ。たとえば新製品の企画について意見を求められたとき、「かわいいからいいと思う」などと答えても、あまり意味がない。一方で「わたしは嫌いです」という人間がいれば、話はそこで終わってしまう。情緒的な「感想」をいい合っていても、話は少しも前に進まないのである。

たとえ消費者の感覚に訴えるような新製品であっても、それを作る側は客観的な根拠を積み重ねて、論理的に決定を下さなければいけない。その製品の購買層として想定している年齢の人々の「好き嫌い」を明らかにする統計データや、その年齢層の行動パターンを示す具体例などを挙げた上で、「これは売れる」「あれは売れない」といった判断をしていくべきだ。

そういうロジカルな判断は、自分の感情や感覚による判断に対して「それはなぜか」と問いかけるところから生まれる。たとえばその新製品が「好き」「かわいい」と感じたのなら、「なぜ自分はこれが好きなのか」と自問自答するわけだ。そこから先は、論理がなければ答えが出ない。

これが、ロジカルに物事を考える際の基本だろう。

あらゆる問題に対して「なぜ」「どうして」という問いかけを繰り返しながら、問題を整理していけばいいのである。

そして、この作業は一人で進めることが可能だ。だから早朝会議では、「明日までに自分の結論を出して来い」と担当者に命じ、会議ではその結論の内容および到達方法などが明確で納得のいくものであれば最終決定を下すだけにしていた。問題点がすべてわかっていて出てきた結論の背後にロジックがあれば、それを聞いた人間は即座に「イエス」か「ノー」かで答えることができる。時間はかからない。

ところが日本の会社では、みんなで集まってそれぞれが自分の「好き嫌い」を口にしているうちに、何となく多数意見が形成されていく。その場の「空気」を読みながら、まったく論理的な裏付けのない決定が多数決で下されるのだ。

こういう会議を続けていると、いずれ組織そのものが間違いなくロジカルに動かなくなってくる。結局、会社全体の判断力が高まらず、「与えられた状況」の変化に機敏に対応できない体質になってしまうのである。

フランス式「システムD」の発想

物事をロジカルに考えられない日本人が多いのは、学校教育の問題もあるだろう。学校の授業も受験勉強も「暗記」が中心で、論理的思考力を育てるようなカリキュラムがほとんど見当たらない。だから日本では素晴らしい大学を出ているのだが、会社に入ったら仕事ができないという人によく会う。学校の求めているものと、実社会の求めているものが単に違っているということである。

たとえばアメリカでは、与えられたテーマについて順番で二人が選ばれて賛成派と反対派に分かれて議論をするディベートの授業があるという。だが、学校でそんなことをした経験のある日本人は皆無に等しいだろう。しかも、日本での議論はある情報を単に知っていたということだけで、その議論に勝ったりする。相手の論理がそれで崩れてしまうからだ。本来なら両者が同じ情報を持った上で、議論をすることが望ましいし、そうすることによって初めて互いの論戦を戦わせることができるはずだ。

国語の作文も、「感じたことをそのまま素直に表現しなさい」といった指導が大半で、ロジカルに結論を導き出すような論文を書かせる時間はあまりない。

私の妻の母国であるフランスでは、大学入学のための「バカロレア」という資格試験があり、そこで「動物が話せない理由を述べよ」という問題が出たりする。それまで考えたこともないテーマだから、「暗記」だけで対処できるはずがない。まさに「なぜ」「どうして」を積み重ねて、論理だけで「だから話せない」という結論に到達しなければならないわけだ。

日本の入試にも小論文試験が出されるようになって久しいが、ここまで論理力を試される出題は滅多にないだろう。おそらく、政治や経済などの時事的な社会問題をテーマに書かせることが多いから、受験生はある程度の「予想」や「準備」ができるはずだ。新聞や雑誌などで識者が書いている文章を読んで、その論法を頭に入れておけば、そこそこの小論文が書けてしまうに違いない。

もっとも、すでに社会人になった人間が、いまさら学校教育に文句をいっても、もはや手遅れだ。しかし、子どもの頃から論理的思考のトレーニングを受けているフランス人の発想法に学ぶことは、これからでもできるだろう。

私の妻もそうだが、フランス人は「システムD」という言葉をよく口にする。なにやらIT関係の専門用語のような響きだが、そういうものではない。

この「D」とは、「もつれた糸を解く（デブルイエ）」という言葉の頭文字。複雑にこんがらがった糸も、もともとはまっすぐな一本の糸にすぎないのだから、順番にほぐしていけば必ずほどける。それと同じように、厄介な問題に直面したときも、「これは解決できない」と諦めず、まずは突破口を見つけて順番に解決していこうというのが彼らの発想だ。

たとえば会社でトラブルが発生し、その問題があちこちの部署に波及してにっちもさっちもいかなくなったとき、フランス人は「よし、ここはシステムDで行こう」などと自分に言い聞かせて、気持ちを落ち着かせる。そこで茫然として思考停止に陥っていても、何も解決しない。とにかく、こんがらがった問題の「糸口」を見つけて、そこからコツコツとほぐしにかかるのだ。

問題の糸口さえ見つかれば、そこから「なぜ」「どうして」を始めることで、次第に糸はまっすぐになっていく。それがロジカルな解決法というものだ。

もつれた毛糸のかたまりを「エイヤッ」とばかりに振り回したり壁に叩きつけたりして、偶然ほどけるのを待つのは、ロジカルなやり方ではない。根気よく、順番に物事に対処する姿勢も、ロジカル思考を身につける上では重要なのである。

正しい判断には「現場からの情報」が必要

ところで、リーダーが現場に権限を与え、仕事を一定の範囲で任せることで得られるメリットは、部下の意欲を高め、「ホウ・レン・ソウ」による非効率をなくすことだけではない。

もう一つ重要なのは、権限という自由を与えた部下からは、自分の頭で考えた、現場に近い、本来なら会社にとっていちばん正しい「意見」なり「プロポーザル」が、間違いなく上がってくるということである。

仕事を任され、主体性を持って行動する部下にデッドラインをつけてミーティングなどの公式な場で意見を求めていけば、現場にいる人間ならではの情報や感覚に基づく「意見」なり「プロポーザル」が聞こえてくるだろう。これを、リーダーが正しく判断していけばよいのだ。

リーダーが組織を動かす場合、その意思決定は「トップダウン」が基本ではある。しかし、だからといって、リーダーが独善的に振る舞っていいということにはならない。トップダウンで下す結論は、あくまでも部下からの「意見」なり「プロポーザル」なりを基本にした上での最終的な「決定」であって、リーダー個人の「意見」ではない。一般にボトムアップと言われる仕事の仕方はこのことを指している。正しい判断を下すためには、さまざまな意見に常日頃から広く耳を傾けていることが必要なのだ。

部下に仕事を任せないワンマン型のリーダーは、往々にしてそこを勘違いする。ビシビシと「決断」を下して結果を出していくうちに、会社の規模も大きくなり、必然と現場との距離が少しずつ離れてしまう。さらには、その間の強圧的な態度から、部下も発言しなくなるので、「自分の意見は常に正しい」と思い込んでしまう。その結果、いつでも自分の「意見」を押し通そうとしてしまうのだ。

部下もそもそも権限を与えられていないので、「黙っていわれたとおりにしろ」と命じられれば、それにしたがうしかなくなってしまう。「それはちょっと違うぞ」と思っても、ワンマンに睨《にら》まれることのないよう、それをリーダーに進言する者はほとんどいないだろう。

しかし、リーダーが正しい判断を下すには、正しい情報が必要だ。某刑事ドラマの「事件は会議室で起きてるんじゃない！」という名台詞を持ち出すまでもなく、ワンマンの場合、現場から情報が上がってこなくなってしまうので、判断のベースがだんだんずれていってしまって、判断そのものに狂いが生じる。

上司と部下のあいだには組織における上下関係があるが、立場が上だからといって、リーダーの意見が常に正しいとはかぎらない。たとえばコンビニなら、現場で直に客を相手にしている学生アルバイトの意見のほうが、本社で数字ばかり見ている正社員の意見よりも正しいことだってあるはずだ。すべてを自分の意のままにコントロールしようとするリーダーは、それをすくい上げることができないのである。

上司と部下が何でも自由に言い合える雰囲気を

無論、部下の意見の中には、「このやり方では自分の負担が重すぎる」とか「この給料でそこまでやっていられない」といった、自分が楽をしたいがために口にしているだけの「不満」や「愚痴」や「弱音」にすぎないものもあるだろう。これはリーダーの判断を左右するようなものではないから、組織の上下関係の中で処理すればいい。

しかし、会社という「機械」に利益をアウトプットさせるための意見は、平社員であれ社長であれ、基本的には平等に扱われるべきだ。上司が部下に向かって「おまえがオレに意見するなんて、一〇年早いんだよ！」などと怒鳴っている組織は、いずれダメになる。

したがって組織を率いる人間は、「正しく状況を判断する」という自分の仕事をきちんとやり遂げるために、誰もが業務に関する意見を自由に口にできる雰囲気と場を作らなければいけない。上司が正しく上司であるには、「上司と部下」のあいだにある垣根をある部分で取り払う必要があるわけだ。

たとえば先に紹介した消防署の大隊長も、「いくらピラミッド型組織でも、末端と直につながっていないのはダメ」「中間管理職の報告だけでは本当の現場はつかめない」とインタビューで語っている。そのため、ふだんから隊員の顔を見て話す機会を多く持つ努力をしているらしい。火災現場では「封建的」ともいえるほど大隊長の命令が絶対だが、平常時は大隊長も炊事当番を務めるなど、きわめて「民主的」な関係だというのだ。

私も、現役のマネジャーだった頃は、部下とできるだけフラットな人間関係を築くことを意識した。

たとえば、前の会社に入社した際は、香港の親会社で働き始めたのだが、そこで若いドイツ人のアシスタントが直属の部下として働くことになった。日本の会社では上司と部下が同じ部屋で仕事をするのがふつうだが、外国企業はそうではない。それぞれが個室に分かれて働き、必要なときだけ呼んだり呼ばれたりするのが一般的だ。その時も、自分専用の部屋が私にはあてがわれ、アシスタントはその部屋の外で仕事をしていた。

しかし、相手が同じ日本人ならともかく、若いドイツ人とこの状態で「お互いに何でもいい合える関係」を作るのは難しい。私もそうだが、向こうも日本人の上司に対してどう接すればいいのかわからないだろう。なにしろ彼は、母国の企業に勤めていながら、香港という異国で、日本人という異邦人の下で働くことになったのだ。

その心理的な距離を縮めてざっくばらんに話ができる雰囲気を作るために、私はまず物理的な距離を近くすることから始めた。相手には馴染みのない「日本流」を導入し、その部下を自分の部屋に引き入れて、机を向かい合わせに置いて、同じ空気を吸いながら仕事をすることにしたのだ。

当初、部下は「どうしてボスの個室に自分が入るんだ?」とでもいいたそうに怪訝《けげん》な顔をしていたが、無理やりデスクごと招き入れて仕事をしはじめると、そのうちリラックスした表情でいろいろな話をするようになった。数ヵ月後には、仕事が終わるとその部屋で一緒にワインを飲むのが日課になったほどだ。いつも二人でくだらないジョークをいい合って大笑いしていたので、それを隣の部屋で聞きつけたドイツ人オーナーが「オレにも一杯飲ませろ」と入ってきたこともあった。

「さん付け」運動と「マネジメント・バイ・ウォーキング・アラウンド」

そういう日常的なコミュニケーションは、信頼関係を築く上でも大いに役立つものだ。もちろん「馴れ合い」のような関係になって仕事が疎《おろそ》かになってはいけないが、お互いが仕事に対する忠誠心をしっかり持っていれば、問題はない。「会社のため」という意識さえあれば、その相手と仲良くなること自体が目的ではなく、あくまでも会社のアウトプットを上げるための手段としての関係だと思えるだろう。

香港から日本に移ったあとも、私は現場との距離を縮める工夫をいくつかした。社内の「さん付け」運動もその一つだ。会社のために最善の結論を出すための議論には上下関係は関係ないという考え方だ。

人間の心理とは不思議なもので、相手が同じ人であっても、関係性が変わると呼び方が変わるし、逆に呼び方を変えることで関係性が変わることもある。たとえば両親のことを「お父さん」「お母さん」と呼んでいた子どもが、成長するにしたがって「オヤジ」「オフクロ」と呼ぶようになったりするわけだ。自然にそうなることもあるだろうし、あえて意図的に「オヤジ」「オフクロ」と呼ぶことで関係性を変えようとする（もう自立できたことをアピールする等）こともあるだろう。

会社内の人間関係も同じで、上司を「○○社長」「××部長」と肩書きをつけて呼ぶのと、肩書きを外して「さん付け」で呼ぶのとでは、気持ちのあり方がまったく違う。それこそジョークも、「社長」や「部長」が相手だと思うと口にしにくいが、「○○さん」が相手なら言えたりする。

仕事に関する意見も、当然、「○○さん」のほうがいいやすい。いちいち肩書きをつけて呼んでいると、どうしても「相手の面子《めんつ》を潰してはいけない」といった気持ちになってしまい、つい相手に迎合するような意見をいってしまうものだ。それでは、トップの周囲にいわゆる「イエスマン」ばかり揃えたワンマン体制になりやすい。イエスマンほど、リーダーの決断力を鈍らせる存在はないのである。

だから、日本の会社では、なるべく社長室にこもらず、時間を見つけては社内を歩き回るように心掛けていた。いわゆる「マネジメント・バイ・ウォーキング・アラウンド（巡回管理）」といわれるやつである。

「管理」というと、サボっている社員がいないかどうか見張っているようで、イヤな印象を受ける人もいるかもしれない。しかし私の場合は、ただそのへんをうろうろとしながら、「調子はどう?」とか「いま何やってんの?」などと声をかけていただけだ。本来ならマネージメント・スタイルとでも訳されるほうがより的確で、正しいのかもしれない。

組織のトップが、いつも社長室に閉じこもっていたのでは「現場」の空気がわからなくなってしまうし、社員とのコミュニケーションも図れない。いまは社内メールを活用することで、平社員と社長がダイレクトにコミュニケーションを取ることも可能だが、それだけでは限界がある。「何でも自由にいい合える」ような人間関係を作ろうと思ったら、やはり顔を合わせて言葉を交わす機会を増やすべきだろう。

だから私は、昼休みには、社内をうろつくだけではなく、若い女子社員が一緒に座ってランチを食べているところに参加しては食後のデザートに誘って一緒に食べることも多かった。

そこでは、堅苦しい仕事の話などほとんどせず、プライベートな話題で会話を楽しんだ。中には、彼氏とデートをしているところを見かけたなどという情報が手に入ると、面白がって聞き出すこともあったが、いまでは彼女もその彼氏と幸せな結婚をしている。

もちろん常識の範囲はわきまえなければいけないが、年齢や肩書きを超えてバカ話を楽しめるような人間性もまた、リーダーには必要だと私は思っている。

「ネグる力」を身につけよ

また、複雑な物事をシンプルにしてスピーディに解決するためには、ロジカルな思考力に加えて、もう一つ別の能力も必要になる。

「システムD」は、諦めずに粘り強く取り組むのが大事だが、これだけだと時間がどれだけかかるかわからない。実際には問題解決までの「デッドライン」があるのだから、どこかで問題を「端折《はしょ》る」ことも必要になる。仮に、からまった糸のうち半分が残れば最低限の「解決」といえるのだとすれば、ほかの半分はハサミで切ってしまってもかまわないわけだ。

そこで求められるのは**「ネグる力」**である。「ネグレクト（無視）」は、育児では虐待の一種なので決してやってはいけないが、仕事ではこれをうまくやることがスピードアップにつながる。うまく「ネグれない人間」は、仕事が遅い。

典型的なのは、こんなケースだ。

上司に提出する報告書を作成しようと思うのだが、手元にはA４の紙で二〇枚分もの情報がある。しかし上司には「一枚でシンプルに報告しろ」と命じられているので、そのまま渡すわけにはいかない。二〇枚分の情報を一枚にまとめて、自分なりの「結論」だけを提示しなければいけないのである。

しかし、二〇枚分もの情報を丁寧に読み込んでいたのでは、時間がかかって仕方がない。報告に必要な数枚に絞り込んで、それをもとに報告書を作成したほうが圧倒的に早い。そんな状況で立ち往生した経験のある人は多いだろう。

ここで「ネグる」のが下手な人は、資料の山を前にして長々と考え込んでしまう。どの情報も捨てがたいものに思えてしまい、捨てることができないのだ。

こういう人は、一見すると大勢に影響がなさそうな情報でも、一応は上司の耳に入れておいたほうがいいのではないか……と思うのだろう。要するに、自分で「判断」することができないのである。

早朝会議で、私に「結論をいえ！」「これをオレに分析しろというのか！」と怒鳴られるのが、まさにこういうタイプだった。すべてを上司に報告すればいいのなら、その部下は必要ない。インターネットで検索すれば、どんなテーマだろうが二〇枚分の情報などすぐに手に入る。

そういう**膨大な情報をうまく「編集」できるのが、「ネグる力」のある人**だといっていいだろう。

仕事の速い人間は、目の前に二〇枚分の資料があっても、そのうち十数枚は最初から思い切って捨ててしまう。捨てた資料は、二度と見直さない。残り数枚だけを仔細に検討して、必要な情報だけを抜き出す形で報告書をまとめるのだ。

見切りをつけた仕事に「未練」は持つな

ある編集者に聞いたところ、その仕事に必要な能力の一つは「この中で何がいちばん重要か」を見極めることだという。

たとえば新書や文庫本の「あらすじ」を書くにしても、その本の中でいちばん重要なポイントがあるだろう。そこを外して「あらすじ」を書いたのでは、売れる本は作れない。読者

「ネグる力」を身につける

たとえば上司への報告書を作る場合

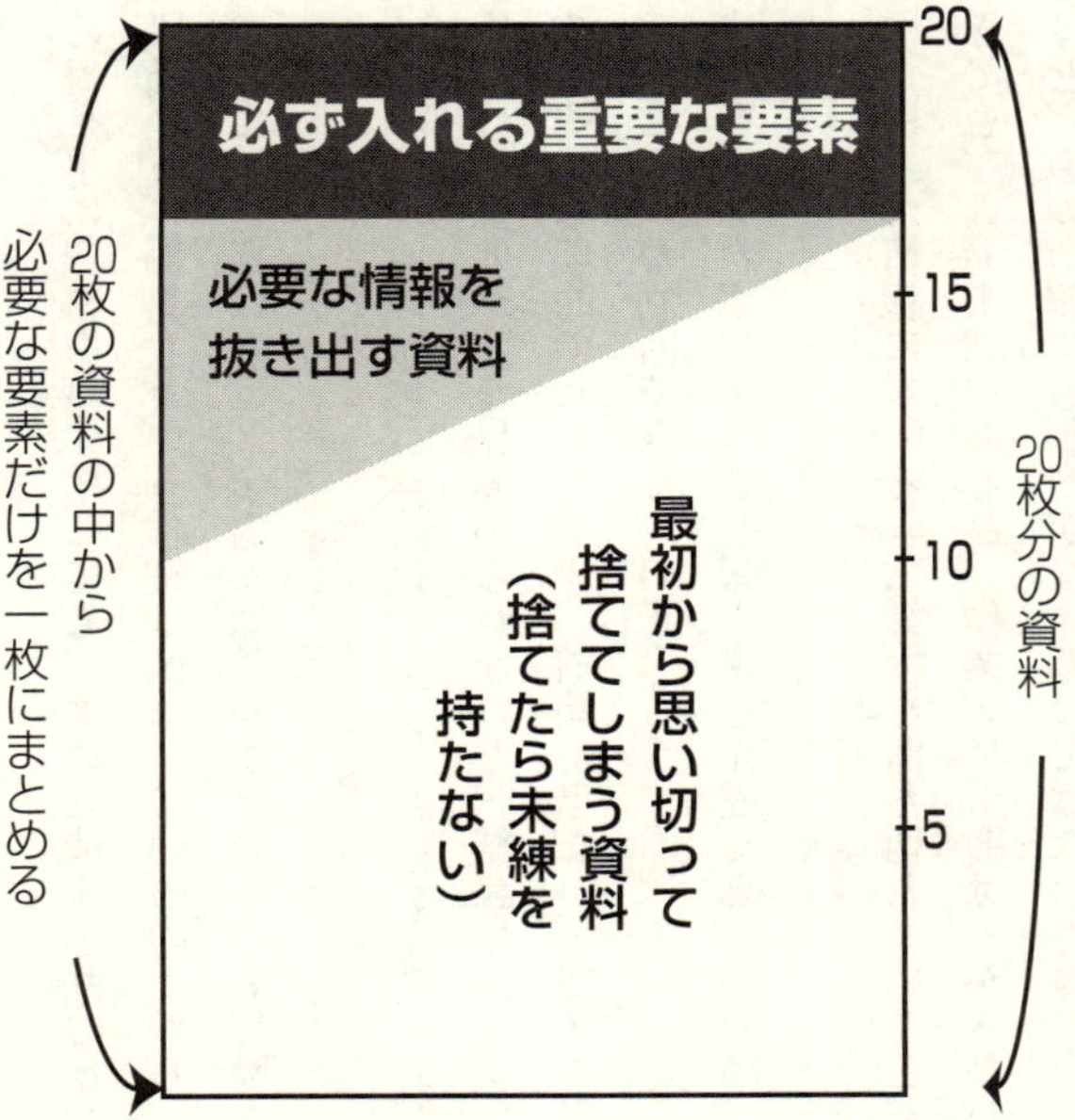

仕事ができる人
＝膨大な情報をうまく編集できる
＝「ネグる力」のある人

を騙すことにもなる。

また、本や記事の書き手に資料を渡すにしても、集めた情報を丸ごと渡せばいいというものではない。その段階から「編集」という作業は始まっているのだから、とくに重要なものだけをピックアップして渡さなければ、著者が原稿をまとめるにも無駄な時間がかかってしまう。

これは編集者だけでなく、あらゆる分野のビジネスマンにも求められる能力だろう。「この問題の中で何がいちばん重要か」を見極められないと、結論を出すまでに時間がかかってしまうばかりか、そもそも論理的でわかりやすい結論が出ない。要領を得ない報告しかできない人間は、何が重要なのかが判断できないのだ。

ただし、大量の資料をネグれず、さっさと報告書を作成できないのは、それだけが理由ではない。

もっと問題なのは、捨てた情報に対する「未練」を断ち切れないことだ。どれが重要かということは判断できても、この未練があると、作業スピードは上がらない。

「さっきは捨てたけど、あの情報にも価値がないわけではない」

そうやって後ろを振り返っているから、机の上で虚《むな》しい時間がどんどん過ぎていくのである。

こうした「未練」が仕事を遅らせるのは、報告書作成のような業務だけではない。たとえば顧客訪問のスケジュールを考えるときも、一覧表を眺めて考え込んでしまう人がいる。「ネグる力」のある人は、その日に訪問すべき最重要の数社に絞り込み、残りは電話なりメールなりで済ませようとすぐに決められるが、ネグれない人は未練タラタラだ。

「この会社も顔を出しておかないとマズいんじゃないだろうか」

などと悩んでしまう。

それで訪問スケジュールのことを先送りにして、別の仕事を始めたりするのだが、顧客訪問のことが気になって集中できない。結局、いろいろなことが押せ押せになって時間がなくなり、うまくネグれる人よりも少ない数の顧客しか訪問できなくなってしまうのだ。だったら最初から思い切ってネグったほうが効率がいい。

「ネグる」と「手を抜く」は同じではない

仕事は人間のやることだから、こういう「心理的な無駄」をなくす努力も必要だ。見切りをつけた資料や顧客に後ろ髪を引かれていると、前に進めない。そこが、ただ単にロジカルに物事を進められるコンピュータとは違うところだろう。人間、誰しも悩みや迷いはあるので、「余計なことを考えるな」というのは口でいうほど簡単ではないが、その時間をできるかぎり減らすことが、仕事のスピードアップをもたらすのは間違いない。

また、ここで気をつけなければいけないのは、**仕事を「ネグる」ことと「手を抜く」ことは、似て非なるもの**だということだ。

報告書のための資料を揃える場合、手抜きをする人間は、最初から二〇枚分の情報を集めたりしない。一枚の報告書を作成するのに、一枚分の資料だけ（つまり最初に拾った資料だけ）を使って、それを適当に書き直す。これでは、内容の濃い報告書にならないのは当然だろう。

それに対して、資料を「ネグる人」のほうは、多くの資料を集めるところで手は抜かない。とりあえずは二〇枚分の資料を集めてひととおり眺め渡し、その中から重要度の高い情報をピックアップする。そういうプロセスで作成した一枚の報告書は、「一枚分の情報で作った一枚の報告書」よりもはるかに質の高い内容になるはずだ。

これも編集者に聞いた話だが、一冊の本を作る場合も、少ないネタをふくらませて作った本より、その気になれば三冊にできるほど豊富なネタを一冊に凝縮した本のほうが、圧倒的に面白くなるという。「もったいない」と思いつつも、断腸の思いで削《そ》ぎ落としたネタが多ければ多いほど、中身のグレードが高まるということだ。ビジネスマンの仕事にも、大いに参考になる話ではないだろうか。

「成果主義」と「ノルマ主義」の違い

ただし、ここで勘違いしてほしくないことがある。資料集めで「手抜き」をしようが、多くの資料を集めてから削《そ》ぎ落とそうが、評価の対象となるのはできあがった報告書そのものの出来映《できば》えでしかない、ということだ。

資料をどれだけ集めたかというのは、仕事の「プロセス」であり、「インプット」でしかない。もちろん、そこで汗をかけばかくほど仕事の「アウトプット」は良くなることが多いのはたしかだ。しかし、そこでどれだけの努力をしても、それだけで上司なり会社なりの評価が高まることはない。「手抜き」をして作成した報告書のほうが出来が良ければ、そちらの社員のほうが高く評価される。

前述したとおり、昔の日本では、「結果」よりも「努力」の量や質で社員を評価する傾向があった。

たとえ報告書の出来は悪くても、インプットの段階で必要な作業を十分にやったことが見えていれば、「よく頑張った」「あいつは一生懸命やっている」と認められる。逆に、どんなに充実した報告書を提出しても、「あいつは手を抜いた」と思われれば、評価が下がったりしたのである。

だが、いまは「成果主義」による人事評価を行う時代だ。評価の仕組み作りが難しいこともあって、「やはり日本人には昔ながらの年功序列が合っている」という声も少なくないが、企業が「利益を上げる機械」である以上、私は今後も社員の成果に応じた報酬を与えるシステムを採用するのが当然だと思っている。

やや話は逸《そ》れるが、日本企業の成果主義がうまくいかないのは、それが単なる「ノルマ主義」になっているからだろう。

会社が決めた数値目標を「達成しろ」と社員に押しつけて、目標に届かなければ「減点」する。これが私のいう「ノルマ」主義だ。一見するとシンプルでわかりやすいやり方だが、これがさまざまな弊害をもたらしている。

たとえば化粧品業界では、小売現場の販売員に毎月の売上ノルマを課したところ、販売員が顧客に「頼むから買ってくれ」と強引に迫るようなやり方が横行してしまい、得意客に「不愉快だ」とそっぽを向かれてしまった会社があるという。それで売上がかえって下がってしまい、慌《あわ》ててノルマを課すのをやめたところ、すぐに売上が増えたそうだ。

ビール業界でも、ノルマを課された社員が、その月の目標を達成するために、月末に強引な営業を始めたケースがある。小売店に無理やりビールを引き取らせる「押し込み」や、販促費を払って買ってもらう「価格営業」などが後を絶たなくなってしまったのだ。その時点で名目上の売上は立つので、とりあえずノルマは達成されるわけだが、需要はそんなにないのだから、当然ビールは売れ残る。結局それが返品されるので、実質上の売上は決して増えない。

いずれも、ノルマ達成のための「帳尻合わせ」が会社の仕事をおかしくしている。こんなものは「成果主義」でも何でもない。ノルマを課して社員の尻を叩くだけの単なる「ガンバリズム」である。

もちろん、経営者としては、社員がやや背伸びしないと届かない目標設定をするのは当然だろう。しかし一方で、その目標を達成するために必要な「仕組み」を構築するのも、経営者の仕事だ。

前述したように、マニュアル化やIT化などによって社員の日常業務の負担を減らし、重要度の高い仕事を優先できるような態勢を整えるのも、その一つだろう。あるいは、化粧品であれビールであれ、自社の商品が「こうすれば売れる」という販売戦略をきちんと立てることも必要だ。そういう工夫をした上で社員を競争させ、良い結果を出した人間を高く評価するのが、本来あるべき「成果主義」だ。

「I do my best」ではなく「Just do it!」

話を戻そう。

いずれにしろ、これからの企業は、有効な成果主義システムを作り上げて社員を競争させなければ生き残ることができない。業績の低い社員を「努力したから」といって評価を底上げし、全員を平等に扱うようなシステムでは、この時代を乗り切るだけの活力は生まれないだろう。

したがって社員の側も、努力だけで評価してもらおうと考えるのは甘い。結果を出すためのインプットは大事だが、それでも「手抜き」をした人間に競争で負ける可能性はある。アウトプットに結びつかないインプットには意味がないと覚悟すべきだ。努力しても結果が出なかったときに、

「こんなに頑張ったのにダメだったのは運が悪かったせいだ」

そんなふうに責任をよそに転嫁しているようでは、その人の能力は伸びない。上司や会社も、そういう社員に仕事を任せようとは思わないだろう。

それこそ、会社を飛び出して独立したときのことを想像してみればいい。独立したビジネスマンは、自分が出した結果をすべて自分自身で引き受けるしかないのである。その覚悟を持った人間にこそ、会社は仕事を任せようとするわけだ。

香港のメリタで業務用コーヒーの販売を始めた頃、こんなことがあった。

前述したとおり、私は販売代理店の早朝会議に出て陣頭指揮を執っていたのだが、香港人のスタッフはなかなか思いどおりに動いてくれない。営業先のカフェやレストランのリストを渡し、「明日までにこれだけ回って来い」と指示するのだが、向こうは「どうして自分にそれができないか」という理屈を並べて拒否しようとする。日本人とは逆に、「ガンバリズム」には欠けるが、「ロジカルな説明能力」(ただし決して建設的なロジックではないが)には長けているのだ。

しかし私も理屈では負けていないので、あらゆる屁理屈をねじ伏せて「だからやれ!」とこちらの指示を納得させるところまでは何とかたどりつく。しかし、それではまだ終わらない。指示を受け入れた相手の口から出てくるのは、

「I do my best」

という言葉だ。「最善は尽くすが自分のできることには限界がある」というわけで、指示どおりの結果を出せなかったときの言い訳を、あらかじめしているのである。

こちらとしては、「よし、やれるだけやってみろ」といって送り出すわけにはいかない。

それでは、予定した結果が出ないのは火を見るより明らかだ。ベストを尽くさなくても、求めた結果さえ出ればこちらはオーケーなのである。

だから私はいつも「I do my best」というスタッフに対して、こう言い返した。

「Don't do your best, just do it!」

おまえの最善なんかどうでもいいから、命じたことをやってこい！　そんな意味を込めて口にした言葉だ。

日本人の「最善を尽くします」「全力で頑張ります」は、彼らの「I do my best」と大きな差はないものの、そこには、ある種の誠実さや謙虚さも込められている。控え目な態度を好む国民性なので、実際は自信のある仕事であっても、「任せてください、必ずやり遂げます」とはなかなかいえないのが日本人だ。

だが、とにかくアウトプットが重要なビジネスの世界では、「最善を尽くす」こと自体には大した価値がない。少なくとも、ベストを尽くしたからといって、自分の評価が上がることはない。それは、香港だろうが日本だろうが同じである。

仕事のできる人間になるには努力が欠かせないが、それは他人に向かってアピールするものではない。どんなに努力して能力を磨き、その力を余すところなく振り絞ったとしても、アウトプットが悪ければ評価されない。「仕事のできる人間」とは、結果的に「仕事のできた人間」のことだと考えるべきなのである。

変化への対応は「Ｙｅｓ，ｗｅ ｃａｎ！」の精神で

香港のメリタで販売代理店の尻を叩いていた当時は、「Ｊｕｓｔ ｄｏ ｉｔ！」のほかに、「Ｙｅｓ，ｗｅ ｃａｎ！」という言葉もよく使った。「Ｊｕｓｔ ｄｏ ｉｔ！」はナイキ社のキャッチフレーズのパクリだが、「Ｙｅｓ，ｗｅ ｃａｎ！」のほうはオバマ大統領をパクったわけではない。彼が登場するよりはるか昔の話だ。ただし、これも一九八〇年代にも流行した言葉で私のオリジナルではない。

とにかく「やるべきことをやりきる」のが大事だと考えていた私は、この二つの言葉を盛んに使っていた。物事を変えようとすると、反対意見が出てくるのは当然であり、そういった人たちを巻き込んでやっていくための、これは一種の掛け声みたいなものである。

二〇年以上も前の日本で、「Ｙｅｓ，ｗｅ ｃａｎ！」とプリントしたステッカーまで作

り、社員に渡す給料袋に入れたこともある。それを目につくところに貼って、日頃から「できる」という前向きな気持ちを高めてほしい、という思いでしたことだ。

オバマが好んで使っていることからもわかるとおり、この「Ｙｅｓ，ｗｅ ｃａｎ！」という言葉は、まさにプラグマティックな姿勢を象徴するものだといえるだろう。

能書きや屁理屈は脇におき、やることをやって、結果を出す。

できるかどうか悩んだり迷ったりしている暇はない。

まずは「Ｙｅｓ，ｗｅ ｃａｎ！」と宣言し、ある意味で自分自身を追い込んでから、アウトプットの質や量を上げるために具体的な行動を起こす。

変化への対応が求められる時代には、この精神がきわめて重要だと私は思う。「与えられた状況」の激しい変動は、こちらの対応を待ってはくれない。「できるかどうかわからないから様子を見よう」などと慎重にかまえていたら、何も手を打てないまま大波に流されるしかないだろう。

その意味で、いま「Ｙｅｓ，ｗｅ ｃａｎ！」と叫ぶことが求められているのは、アメリカ人よりもむしろ私たち日本人のような気がしてならない。個々のビジネスマンだけではなく、企業経営者にも、さらにいえば官僚や政治家にも、この姿勢が欠けているように見えるからだ。

「一〇〇年に一度」といわれるほどの危機を迎えていながら、「やるべきことをやろう」とプラグマティックな行動を起こす指導者がこの国には見当たらない。聞こえてくるのは「Yes, we can!」の正反対、「No, we can,t」という呻《うめ》き声と、それがなぜできないのかという言い訳ばかりだ。

その気になれば何でも「できる」

しかし、みんなが難しいと思っていることでも、その気にさえなれば意外に「できる」ものである。

たとえば、ここ数年、救急車で運ばれた急患が何軒もの病院に断られ、対応が遅れたせいで命を落とすケースが相次いだ。医療現場からは、「医師も懸命にやっているが人手が足りず、断らざるを得ない」という悲鳴も聞こえてくる。

それが仕事をサボるための言い訳だとは、私も思わない。事実、患者数に対して医師数の不足している病院は多いだろうし、その状況の中で、医師たちはできるかぎりのことを必死にやっているのだろうと思う。

だが、それにしても、これほど多くの救急病院で急患が断られ続けるというのは、何か「仕組み」がおかしいと思わざるを得ない。そのための努力が足りないのではないかと感じられて仕方がないのだ。

実際、「急患を断らない」ための努力をして、それを二五年にもわたって実行している病院がある。千葉県柏《かしわ》市の名戸ヶ谷《などがや》病院だ。

新聞報道によると、この病院は法律の規定よりも九人多い三五人の常勤医を抱え、内科や外科をはじめ二一ある科の担当医のうち一人は、必ず病院から車で五分以内のところに住むことになっているという。そのために病院が借り上げ住宅を用意し、住宅を購入する場合は優遇ローンまであるそうだ。

経営者がそういった「仕組み」を作ったおかげで、この病院は「急患を断らない」というポリシーを貫くことができている。

「やればできる」のである。

一つでもこういう例がある以上、同じことが「できない」といっている病院は、「できない」のではなく「やらない」だけなのではないかといわれても仕方がないだろう。

救急病院の問題は、ほんの一例にすぎない。この国では、いま、あらゆる場所でプラグマティックな「Yes, we can!」の精神が求められている。

先ほどもいったように、政治家も例外ではない。いや、むしろ「やるべきことをやらない人間」の代表が彼らだといったほうがいいだろう。ここまでは企業のリーダーや現場のビジネスマンの話をしてきたが、次の章ではやや視野を広げて、日本という国の舵《かじ》取りについて述べてみたいと思う。

第五章

個人もこの国も
デッドラインで立ち直れる

「一〇〇年に一度」をいかに乗り切るか

本書の冒頭で述べたとおり、いまの日本は「頑張っても幸福になれない時代」を迎えている。正確にいえば、「いままでのような頑張り方では必ずしも幸福になれない時代」になったということだ。

したがって、仕事を通じて幸福になるには、今後は「頑張り方」のスタイルを変えなければいけない。おおまかな方向性としては、「自立した個」を目指して努力するということだ。ここまでは、その「変化への対応」について述べてきた。

そのような対応が必要になったのは、不況によって労働力が激しく流動化し、かつてないほどの雇用不安が発生しているからだ。

その直接的な引き金になったのが、二〇〇八年九月一五日に起きたいわゆる「リーマン・ショック」であることはいうまでもない。これを契機に世界同時株安が発生し、企業は大量の非正規従業員を「雇い止め」せざるを得なくなった。「一〇〇年に一度」の大不況が始まったのである。

言葉だけが独り歩きしている感もあり、この不況が本当に「一〇〇年に一度」のものなのかどうか、私にはわからない。しかし、いまの社会が大変な危機を迎えていることをアナウンスする効果は絶大だったといえるだろう。

たとえば私の知り合いのある社長は、

「一〇〇年に一度の経済危機だからというと、従業員が何でも聞き入れてくれる」

と笑っていた。これまでは従業員の抵抗が強くて難しかった改革も、いまは「しょうがない、やりましょう」と社内の理解が得られるという。もちろん経営は厳しく、黒字を出すのは困難な状況だが、会社の「仕組み」を抜本的に見直して、良い方向に進めるチャンスでもあるということだ。

さて、この危機を乗り切るために手を打たねばならないのは、企業だけではない。社会全体を飲み込むような荒波が押し寄せている以上、国が何らかの対策を講じるのは当然だ。事実、政府もリーマン・ショック以降は「一〇〇年に一度の危機」という言葉を盛んに使い、「当面は景気対策」と衆議院の解散総選挙などを先送りにして、緊急経済対策を最優先に実施してきた。

この未曾有《みぞう》の事態をいかに切り抜けるかについては、さまざまな議論がある。総額で七五兆円を投入した政府の対策についても、いまだに賛否両論があるだろう。去る八月の総選挙により政権交代となったが、その要因の一つとして、定額給付金をはじめとする自民党の単なる「バラ蒔《ま》き」的な経済対策への批判もそこには含まれているはずだ。

リーマン・ショックで隠れた本質的な問題

しかし、ここで個々の緊急経済対策の是非について論じることはしない。それよりも、この「一〇〇年に一度」をめぐる一連の大騒動によって隠れてしまった問題のほうが、国民にとっては重大だと考えるからだ。

もちろん私も、今回の経済危機を軽視していいと思っているわけではない。具体的なやり方はともかくとして、国民生活を守るためには、相当な額の税金を投入してでも思い切った手を打つべきだろう。

ただし、この危機さえ乗り切れば万事うまくいくと思ったら、大間違いだ。

経済協力開発機構（ＯＥＣＤ）が発表したところによると、日本の実質ＧＤＰ（国内総生産）成長率は、二〇〇八年がマイナス〇・六パーセント、二〇〇九年はマイナス六・六パーセント、二〇一〇年はマイナス〇・五パーセントと、マイナス成長が続く見通しである。過去から現在までの推移を示すGDP成長率曲線を見れば、とくに「戦後最悪の数字」となる二〇〇九年の落ち込み具合が激しい。たしかに、これは何とかして押し上げなければならない数字だ。だからこそ、政府も懸命に手を打っている。

だが、仮にこの一時的なマイナスを元に戻すことができたとしても、日本経済そのものが「回復」したことにはならないだろう。リーマン・ショック以前の状態に戻ったところで、経済成長率はせいぜい一パーセント台である。これでは、国民生活が苦しいことに変わりはない。

そもそもリーマン・ショック以前から、日本の経済成長率は右肩下がりの状態だった。「一〇〇年に一度」の緊急事態で隠れてしまった問題とは、まさにこのことだ。

リーマン・ショックに始まる大不況は、いわば「大震災」のようなものである。その災害復興に巨費を投じるのは当然だが、それ以前に、地震が起きても壊れないビルや住宅を建てておくことも重要だろう。

ところが日本の政府は、何年も前から、下がり続ける経済成長率に歯止めをかけられずにいた。つまり「壊れにくい町づくり」ができていなかったわけだ。すでにビルや住宅にガタがきていたにもかかわらず、まったく手がつけられていなかったというのが実情だ。

したがって、たとえ今回の緊急経済対策が功を奏したとしても、国民の不安は消えることがない。かつての福田内閣も麻生内閣も「安心実現」というお題目を掲げていたが、本当に国民が安心できる社会にするなら、成長率曲線を上向きにして、せめて実質GDP成長率二～三パーセント台の水準まで持ち上げた上で、個人の収入を増やし、個人消費につなげていく必要がある。

そこに手をつけることなく、ただ金さえかければ何とかなる「災害復興」がいくら成功したところで、さほど評価には値しない。いまは国民も目先のことしか考えられず、「このひどい状態を何とかしてくれ」としか思っていないので本質的な問題が見えにくくなっているが、長期的に考えるなら、ほかにもやるべきことは山ほどある。そこに有効な手を打ってこそ、「プラグマティックな政策」といえるのではないだろうか。

これは、普通の会社で宣伝費に多くのお金をつぎ込むのと似ている。たしかに宣伝をすれば売上は増えるだろう。そこで肝心なことは店頭の販促なり、新製品の導入なりがうまく連動して初めて投資した広告費に見合う効果が生まれてくるので、ただ単にお金を使えばいいというものではない。どうせ使うのなら、それこそ有効にということだ。

「一五〇〇兆円の個人資産」に頼るのはその場しのぎにすぎない

いまは世界各国とも経済成長率が落ち込んでいるが、先ほど紹介した〇八年から三年間の見通しは、先進七カ国の中で日本が最低だ。国民ひとりあたりのＧＤＰでも、先進七カ国で日本が最下位なのはもちろん、全体でもすでにシンガポールにも抜かれて、二〇位以下に低迷している。国のＧＤＰでは人口の違う中国に抜かれても仕方ないとしても、個人の豊かさを示す「一人あたりのＧＤＰ」がそこまで落ち込んでしまっていては話にならない。

政府の経済対策には、将来に向けた「成長戦略」もないわけではない。二〇〇九年四月に内閣府が発表した「経済危機対策」の中にも「成長戦略―未来への投資」として、

(1)低炭素革命

(2)健康長寿・子育て

(3)底力発揮・21世紀型インフラ整備

といった項目が並んでいる。

しかしこれは、方向性としては決して間違っているとはいえないだろうが、いかにも優等生的な模範解答という印象が拭《ぬぐ》えない。本来ここで上げられているような項目は、とくに経済危機対策でなくともそれなりに政府として追いかけて行かなければいけないものである。危機対策として取り上げられたのをきっかけに、それだけの予算が投入されてより大きく取り上げられていくようになるのだとは思う。しかし、これらは単に景気を良くしていくための「呼び水」であるにすぎない。単に「呼び水」にお金を使えば、それだけで景気が良くなっていくのだろうか？　そこで、やはりなるほどという形のロジックが作り上げてあって、しかるべきものだと思う。きれいごとのお題目を唱えるだけなら、誰にでもできる。美辞麗句の経営理念を掲げる企業経営者と同じで、それだけでは「変化への対応」などおぼつかない。プラグマティックに事態を打開しようとするなら、「呼び水」で最終的に何を達成するのかという、もっと具体的な中身が必要だ。

ところが日本の場合、具体的なことをやろうとすると、こんどは将来につながらない場当たり的な方策ばかりになってしまう。

「場当たり的」といえば、ひとり一万二〇〇〇円使った瞬間に終わる定額給付金がその代表だが、それだけではない。たとえば、贈与税や相続税の減免措置もそうだ。日本には一五〇〇兆円もの個人資産があるが、たくさんお金を貯めている高齢者世代はあまりお金を使おうとしない。そこで、親の個人資産を子の世代が使えるよう、税金を安くしようという話である。

たしかに、それによって住宅需要が喚起され、景気を刺激する効果は多少なりともあるかもしれない。だが、これも単なる、その先の未来へ結びつきがちゃんと予定されていないかぎり、「その場しのぎ」にしかならないだろう。一五〇〇兆円の個人資産をアテにするのはよいが、「未来への投資」どころか、いまのままだとこれまで日本人がコツコツと作り上げてきたものを食い潰すだけで終わってしまう。使い果たしたら、それでおしまい。長期的な経済成長にはまったく寄与しないのである。

しかも、いまの日本は貯蓄率も貯蓄額もどんどん減り続けている。「日本人は世界一の貯蓄好き」というのは、もはや昔の話だ。日本の貯蓄率は、一九九七年をピークに、もう一〇年以上も下がり続けている。

いままでは「日本人は堅実に貯蓄するのに、アメリカ人は借金をしてまで消費に走る」というのが常識だと思われていた。だが、それもいまや通用しない。実は二〇〇八年の時点で、日本はそのアメリカにさえ貯蓄率で逆転されているのである。

個人の収入が増えないのだから、貯蓄率が下がるのも当然だろう。この傾向が続けば、一五〇〇兆円の個人資産は、まさに「最後の砦《とりで》」ということになる。これに頼って一時的に成長率を押し上げようとするのは、「どうせ最後の晩餐《ばんさん》なんだから、贅沢なものを食べて賑やかに終わろう」といっているようなものだ。そこには、何の希望も見出すことができない。

「個人消費」の拡大が経済成長のカギ

しかし「その場しのぎの対応」については、政治家だけをあげつらうわけにはいかないだろう。企業経営者のほうも、相当なものだ。

たとえば自動車メーカーや家電メーカーの中には、社員に自社製品を買わせることで、落ち込んだ売上の足しにしようとする会社がある。給料カットやボーナスの現物支給よりはマシかもしれないが、これでは社員も虚しさを感じるに違いない。自分の会社の先行きが、不安になるばかりではないだろうか。

政治家といい、経営者といい、どうも日本人には、目の前のハエを慌てて追い払うように、小手先の対応で急場をしのごうとする傾向があるようだ。

たしかに、こうしたその場しのぎの対応も、「変化への対応」の一種ではある。「何もしないよりはいい」という見方もできなくはないだろう。だが、まったく根本的な解決にはならない以上、対症療法的な「悪いクセ」と言わざるを得ない。

たとえば自動車業界の場合、販売台数が以前の半分近くまで減っている。価格の安い車ばかり売れて売上が減っているならともかく、販売台数が全盛時と比べて四六パーセントも少ないのだ。

しかも日本は全労働者の一〇パーセント弱が自動車関連の仕事をしている。一〇人に一人は自動車で食べているのだから、日本経済や国民生活に与える影響は甚大だ。社員に自社製品を買わせて、何か手を打った気になっている場合ではないだろう。

かつて米国のフォード自動車は、従業員の給料を自家用車が買える水準まで上げることで、大衆車のマーケットを拡大したという。当然、これは社会全体の景気の底上げにも貢献したはずだ。

自動車業界にかぎらず、いま日本企業が本来やるべきなのは、これだろう。というのも、いまの日本経済における最大の問題はデフレであり、このデフレに歯止めをかける対策が何もないがゆえに個人の収入が増えないことが、底流を流れる景気低迷の要因だからだ。

個人の収入が増えなければ、個人消費は増えない。GDPは実のところ五五パーセントが個人消費によるものだから、これでは経済成長率が上がらないのも当然である。

したがって、その場しのぎではない長期的かつ具体的な「成長戦略」を考えるなら、この個人消費をいかに押し上げるかということを最優先のテーマにすべきだろう。あえて単純な話をするなら、各企業が給料を二パーセント増やし、従業員が消費を二パーセント増やすのに回せば、GDP成長率は一パーセント以上アップすることになるわけだ。

ところが日本の企業は、リーマン・ショック以前まで過去最高の収益を上げていながら、ものを言う株主の方に目がいってしまう風潮があって、それを従業員に還元するという発想がなかった。それで国内の個人消費が上向かず、いまの苦境を迎えているのだから、自分で自分の首を絞めたようなものだ。まずは従業員に利益を還元することを基本にすることから始めるべきではないだろうか？

そして日本企業は、デフレで個人消費が増えない分を、海外への輸出で穴埋めしようとした。業界によっては、ここ数年で成長した分の六〇パーセントを海外輸出に頼っていたところもある。

リーマン・ショック以降の世界同時不況で、トヨタのような優良企業でさえ手痛い打撃を被《こうむ》ったのは、そうやってあまりにも速いスピードで海外依存度を高めていたことが最大の原因だろう。国内の個人消費が拡大する方向で日本が成長していれば、車の販売量の落ち込みも少しは緩和され、赤字があれほど大きく膨らむことはなかったはずだ。

課題が明確ならあとは実践あるのみ

ともかく、日本経済が成長するための課題ははっきりしている。海外への輸出依存度が相対的に減るように、まずは国内の個人消費を増やすことで、国内でそれなりの経済成長が見込めるような態勢を取り戻すことだ。

そのための抜本的な施策を行なわないかぎり、日本は「老大国」にさえなることができない。「大国」になる前に、老け込んで終わってしまうだろう。そうならないよう、この国に元気を取り戻させるのが、政治家の役目である。

取り組むべき課題がはっきりしているのであれば、あとは実践あるのみだ。「低炭素革命」だの「21世紀型インフラ」だのと耳に心地よいキャッチフレーズを掲げるのもいいが、まずは「個人消費アップ」に直結する具体的なアイデアを出し、それを実行することが何よりも重要である。

当然、そのプランが有効かどうか、あるいはうまく導入されているのかを見極めるタイミングについても、あらためてデッドラインを決めておき、検証することが大事だ。どうも、多くのビジネスの現場でもそうだが、政治でも話題になって世間の注目が集まっている間はまだしも、その後ちゃんと最後まで仕事がなされているのかチェックがされずにルーズに流れてしまう傾向を感じるのは私だけではあるまい。前の会社での例をとると、新しい直営店を出すときには、「継続」か「撤退」かを判断するための基準をクリアしなければいけない時期を決めていた。そのデッドラインまでに納得できるアウトプットが得られなければ、すぐに撤退する。

「即断即決」のいいところは、そうやって「失敗」に早く見切りをつけ、試行錯誤の回転数を上げられるところである。慎重にかまえて何も手を打たずにいるより、やってみてダメならすぐに次の手を打つというやり方のほうが、「変化への対応」は機敏にできる。だからこそ、「デッドライン」を駆使した業務管理は、仕事をプラグマティックに進める上できわめて有効なのだ。

アウトプットに責任を持たない日本の指導者

ところが日本の政治家には、自分の仕事にデッドラインを設定してやり遂げるという発想がない。経済政策ではないが、そういう政治家の体質を典型的に示したのが、例の「宙に浮いた年金」の問題だ。

あの問題では、首相や大臣が「いついつまでに作業を終わらせる」と何度か断言したが、結局はうやむやになり、いまだすべての記録の持ち主を特定するにはいたっていない。もう多くの国民が忘れていると思うが、彼らの発言をあらためて読んでみると、いかに日本の政治家が仕事の「アウトプット」に責任を持っていないかがよくわかる。

当初は、当時の自民党の安倍首相が「最後の一人にいたるまで記録をチェックする」と宣言した。当時の舛添厚労相も「できないかもしれないけどやってみます、なんていいませんよ」などと豪語していたものだ。

それが途中で「ここまでひどいとは想像していなかった」「五合目まで順調だったが岩山とアイスバーンがあった」などと言い訳を始め、最後には「やったけどできなかったというんじゃなくて、みんなで努力してやっていくというポジティブな気持ちになっていただくことが必要だと思います」というあやふやな精神論に逃げていた。アウトプットのことは見逃してインプットだけで自分たちの仕事を評価してほしい、ということだろうか。そんなことでは、一般企業の社員としても生き残れるかどうか怪しいものだ。

また、安倍さんの後任の福田首相も、すべての持ち主の特定が困難となったことについて「公約違反というほど大げさなものなのかどうか」などと発言して顰蹙《ひんしゅく》を買った。デッドラインを守るかどうかという以前の問題である。お話にならない。

年金の問題にかぎらず、日本の政治はいつもこうした「大言壮語」と「小手先の言い訳」

の繰り返しだ。リーダーに必要な判断力も実行力もない。そのために、深刻な問題がどんどん先送りされていく。

国の借金の問題もそうだ。日本の借金は、二〇〇九年六月には八六〇兆円を超えて増え続けている。さらには自治体分も加えた「国と地方の長期債務残高」だけを見ても、二〇〇九年末には八一六兆円にのぼる見込みで、これは国のＧＤＰの一七〇％にあたるという。六〇から七〇％台の欧米の主要国と比べると、たいへんまずい状況にあることはまちがいない。

先ほど一五〇〇兆円の個人資産の話をしたが、その一方でこれだけの借金があることも忘れてはいけない。これまでは高い貯蓄率によって築かれた個人資産が赤字国債の吸収源になっていたが、その貯蓄率が下がっている以上、もう借金頼みの景気対策も難しくなるだろう。

しかし現実には、今回の緊急経済対策でもさらに借金を重ねる方向に進んでいる。これまで多くの政治指導者が「財政赤字解消」を目標として掲げてきたが、実際にやっていることは正反対だ。

しかも、この借金を解消するにはどう考えても消費税アップが避けられないにもかかわらず、選挙で落ちるのが恐くてそれを実行できない。ときどき「上げるぞ、上げるぞ」という姿勢は見せるものの、「増税する前に予算の無駄遣いを削減するのが先だ」と批判されて、すごすごと引き下がる。

そんなことの繰り返しだ。結局、話は少しも先に進んでいない。もしかしたら、なるべくアウトプットを出さずに、グズグズした状態を維持するのが政治家の仕事だと思っているのではないかと疑いたくもなる。今回の選挙に合わせて出されたマニフェストを見てもデッドラインを引くという感覚がない。一部、民主党のマニフェストの中にはそれらしきものはあるが、それは予算を使う項目のデッドラインであって、民主党の五つの約束の中でも、一番大切な「ムダ使い」の項目に上げられている「国の総予算二〇七兆円の全面組み替え」「税金のムダ使いと天下りの根絶」「議員の世襲と企業団体献金は禁止」「衆院定数を八〇削減」についてはデッドラインが引いてない。ぜひこういう項目にデッドラインを引いて仕事をしていってほしいものである。

自己統治能力のない政治家にレッドカードを

こうして見てくると、日本の指導者にはリーダーシップや自己統治能力というものが完全に欠落していると思わざるを得ない。部下の背後から全体を見渡して決断を下す能力もなければ、集団の先頭に立って「オレについてこい！」と全体をひとつにまとめる能力もないのが、この国の政治家だ。要するに、リーダー失格である。

何度も繰り返しているように、「変化への対応」が求められる時代には、高邁《こうまい》な理念を語れる人材よりも、プラグマティックな仕事のできる人材が必要だ。リーダーはとりわけそうである。そして、プラグマティックな仕事というのは、「結果」がすべて。とにかく結果を出すために行動を起こせる人間でなければ、いまの時代にはどんな組織のリーダーも務まらないだろう。企業も然《しか》り、国も然りである。

前述したとおり、これまで慣れ親しんだ「仕組み」を変えようとすれば、必ず反発を受けるものだ。「総論賛成、各論反対」で、物事が前に進まないことも多い。しかし、どんなに反発があろうとも、リーダーが強い指導力と実行力を発揮して誰もが納得する結果を出せば、それによって集団はまとまる。

社長時代の私の立場もそうだった。「がんばるタイム」や「残業禁止」など、導入時には反発を受けたが、それによって売上が増えると、もう誰も文句はいわない。会社というのは、「売上がすべてを癒《いや》す場」だというのが、私の実感だ。インプットのところでさんざん揉《も》めたとしても、アウトプットさえ良ければ、万事うまく進むのである。

ところが日本の指導者たちは、目に見えるような「結果」をなかなか出そうとしない。目標や理念はいろいろと提示してみせるが、具体的な結果が求められる段階になるとグズグズとした言い訳が始まり、物事があやふやになっていくような印象がある。自分の任期を平穏無事に済ませればいいと考えているサラリーマン社長と同様、自分の子どもに地盤や看板を世襲させるまで無難に「家業」として政治家を続ければいいと思っているのかもしれない。それならば、変に結果を出して失敗の責任を問われるより、何の結果も出さずに仕事をしているフリをしていたほうがいいだろう。

こうなると、もはや国の経済や国民生活は彼らにとって「他人事」みたいなものだ。仕事をする人間としての当事者能力というものがまるで感じられない。日本人に当事者能力のあるリーダーがいないのならば、この国の行く末にきちんと責任を持って仕事をしてくれる外国人をリーダーとして雇ってもいいと思うくらいだ。

いささか極端な暴論ではあるが、ほんの一瞬の景気対策にしかならない定額給付金をバラ蒔くより、それこそオバマでもサルコジでもいいから実行力のある若い人材に思い切って二兆円払って総理大臣をやってもらったほうが、よほど有効なのではないかと思う。外国人が日本の首相になれるのかどうか、詳しいことはわからないが、アメリカにとってオバマも半分外国人だし、サルコジも元々は外国人である。何においても、思い切ったことを間違いなく実行できる人に権限を与え、任せてしまうことが肝心なのだと思う。

たとえば、日産自動車のカルロス・ゴーンが大胆なリストラをやることができたのは、日本的なしがらみを切ることのできた、強い立場の外国人であったということもあるだろう。さらには、やはり彼の決断力と実行力の賜物《たまもの》だ。日産で働いていた私の知人によれば彼が来る以前から、日産では「これくらいの規模のリストラを行えば会社は立ち直る」ということがわかっていて、それなりのプランもあったという。やっとのことで、決断が出て実行しようとしていたところで、カルロス・ゴーンが現れて、そのプランをさらに一層厳しいものにした上でゴーサインを出したのだと聞いている。

これが、リーダーの当事者能力であり、責任感というものだろう。それを持ち合わせていない日本の政治家には、レッドカードを突きつけて退場してもらうしかない。今回の総選挙で政権交代となったわけだが、これでやっと日本でも本来そうあるべき二大政党の時代が始まるわけで、期待を持って民主党の仕事ぶりを見ていきたいものである。

「勤勉さ」を無駄遣いする日本人

ところで、「お雇い外国人総理」などという荒唐無稽《こうとうむけい》な話をしたので誤解されそうだが、私は決して、日本という国の「仕組み」をすべて欧米流にすべきだといいたいわけではない。

この十数年、日本はいわゆる「グローバル・スタンダード」を社会や経済の仕組みの中に取り入れようとしてきた。だが、これはいわば「海外で成功した会社のITシステム」のようなものだ。

前に、会社を効率化する「仕組み」に一般的な正解はないという話をした。それと同様、それが全世界的に導入されることが合意された規則なり基準であれば別の話だが、「グローバル・スタンダード」もそのまま日本という国に当てはめられるものではないだろう。

実際、日本がこれまで日本という国でいられたのは、あらゆる分野で欧米化を進めてきたにもかかわらず、いまだこの国が独自性を保った「ガラパゴス」だったからだ。携帯電話の分野では日本の「ガラパゴス化」が懸念されたりしているが、そもそも日本がそれなりの独自の社会を持った「ガラパゴス」でなければ、とっくの昔に一時的にでも欧米列強の植民地になっていたことだろう。

したがって日本は今後も、自分たちの国の良い点は残しながら「変化への対応」を進めていくべきだ。本書の冒頭で述べた「勤勉さ」も、残すべき美徳の一つである。

とはいえ、いまの日本が人々の勤勉さを「無駄遣い」しているのも事実だろう。国の指導者から企業の経営者にいたるまで、リーダーシップを発揮すべき地位にいる人たちが効率的な「仕組み作り」を怠っている分、個人にしわ寄せが来ているのだ。働く人々の勤勉さを「悪用」して、リーダーたちがサボっているといってもいい。非正規従業員が職を失う一方で、正社員の仕事量は明らかに増えている。

そして勤勉な日本人は、仕事量が増えても、ワーク・ライフ・バランスを取ることを考えようともせずに働いてしまう。不況による人件費カットで残業代が出ないとわかっていても、組織のために身を粉にしてサービス残業に精を出すわけだ。その意味では、日本人の

「忠誠心」もまた、無駄遣いされ、悪用されているといえるかもしれない。

その結果が「過労死」であり、うつによる自殺の増加である。

とくに自殺の問題は、その数が多いだけに深刻だ。一九九八年以降、二〇〇八年まで一一年連続で年間自殺者数は三万人を超えている。それ以前の三〇年間は一万五〇〇〇人から二万五〇〇〇人程度で推移していたのだから、いかに異常な数字が長く続いているかわかるだろう。

昔は交通事故による死者が年間一万人を超える時期が長く続き、「交通戦争」などと呼ばれた。そちらはかなり減少して五〇〇〇人程度になっているが、自殺者数は「交通戦争」の三倍だ。年間三万人ということは、毎月三〇〇〇人弱が自ら命を絶っているのだから異常である。

ちなみに、二〇〇八年末にガザ地区で民間人を含む多くの犠牲者が出て世界中が大騒ぎになったが、あのときの死者数は一ヵ月間でおよそ一〇〇〇人だった。戦争と自殺を単純に比較はできないとはいえ、なぜ、これだけの大量自殺がもっと大問題として扱われないのか、不思議でたまらない。

内閣府には「自殺対策推進室」なるセクションも作られているが、この問題も、国の指導者が具体的な手を打たずに先送りしているものの一つといえるだろう。それどころか、自殺増加は政治家の「失政」が原因だと指摘する声もある。

たしかに、経済政策の失敗による雇用環境や労働環境の悪化が中高年ビジネスマンの自殺を増やしたのだから、彼らには「自殺を減らせない責任」だけでなく、「自殺を増やした責任」もあるといえるだろう。政府には国民の生命・財産を守る責務があるが、命を守るどころか、それが失われるのを後押しし、放置しているといわれても仕方がない。

「ワーク・ライフ・スリープ・バランス」を見直そう

いずれにしろ、日本を再び「頑張れば幸福になれる社会」にするには、長時間労働によって崩壊しているワーク・ライフ・バランスの是正を真剣に考えるべきだろう。

ちなみに、ワーク・ライフ・バランスというときの「ライフ」とは、「人生」全体のことではなく、「私生活」のことである。アフター5や休日を含めた「オフタイム」のことだといってもいい。

そこを勘違いしているせいもあって、勤勉な日本人は生活のすべてを仕事に捧げがちだ。しかし本来、「ワーク」は「ライフ」を豊かにするためにお金を稼ぐ手段にすぎない。したがって、人生が「ワーク」一色になってしまったのでは、何のためにお金を稼いでいるのかわからないのである。

そこで、ワーク・ライフ・バランスを是正する上で多くの日本人ビジネスマンにまず考えてもらいたいのは、「睡眠時間」のことだ。

昔から、人間は人生の三分の一をベッドの上で過ごすといわれている。つまり人生というのは、「ワーク」と「ライフ」に「スリープ」を加えた三つの要素から成り立っているともいえるだろう。

この「スリープ」は、「ワーク」と「ライフ」の両方を支える重要な時間だ。よく眠らなければ、仕事も私生活も充実させることはできない。

したがって、人生を豊かなものにするには、「ワーク・ライフ・バランス」ではなく、実は「ワーク・ライフ・スリープ・バランス」をうまく取ることが必要だ。一日二四時間をこの三要素でバランスよく分割すれば、ちょうど八時間睡眠、八時間労働、そして八時間のオフタイムという計算になる。

ところが、日本のビジネスマンは眠っていない。かつて「二四時間戦えますか」というCMソングが流行《はや》ったこともあったように、まるで睡眠時間を削って働くことが「仕事のできる人間」の条件であるかのように思われているフシもある。以前、講演で「この中で毎日八時間眠っている人はいますか？」と聴衆に質問したことがあるのだが、そこで手を挙げたのは二〇〇人の中でたった一人だけだった。

彼らがいかに眠っていないかは、新幹線や飛行機に乗ればわかる。多くのビジネスマンが、座席で死んだように眠っているはずだ。乗り物が動き始める前に、いびきをかいている人も少なくない。「どこでも眠れるのが特技」などという人もいるが、あれは眠るのが得意なのではない。ふだんの睡眠時間が足りないから、あんなふうに眠れるのである。

よく眠って残った時間で働く

当たり前だが、人間は眠らないと心身の疲労が抜けない。疲れが取れなければ、メンタル面でもフィジカル面でも変調を来《きた》すのが自然の成り行きだ。

私は医者ではないので詳しいことはわからないが、睡眠不足が続けば脳疾患や心臓疾患のリスクも高まるだろう。メンタルヘルスにも、悪影響があるに違いない。おそらく、人々の平均睡眠時間が長い国ほど、自殺率も低いのではないかと思う。

そもそも、「仕事のできる人間」になるのに必要なのは、能力だけではない。いい仕事をするには、「体力」と「やる気」が不可欠だ。どんなに努力して能力を高めても、体力とやる気がなければ、アウトプットは高まらない。それこそ、メールの返信をすべて五分以内に片づけるだけでも、体力とやる気がなければ無理だ。また、前に「自立した個」として仕事をするには野性が必要だという話をしたが、この「野性」も体力とやる気がなければ生まれないだろう。

そして、体力とやる気の源泉になるのが睡眠である。私自身、トリンプの社長時代は、どんなに忙しくても八時間の睡眠だけは確保するようにしていた。社長の仕事というのは、体力的にかなりキツいものだが、体を鍛えるためにジムに通っている暇もない。だから「よく眠ること」だけが、唯一の健康法だったのだ。

ともあれ、ビジネスマンにとっては「眠るのも仕事のうち」だといえるだろう。そう考えれば、睡眠時間を削って働くのは間違っている。わざわざ貴重な体力とやる気を削っているのと同じことだ。

したがって、「ワーク・ライフ・スリープ・バランス」を適正化するためには、時間に対する考え方を根本的にあらためるべきだろう。

多くの人は「一日は二四時間ある」と思うから、睡眠時間を削って仕事をしてしまう。そうではなく、「一日は一六時間」だと思えばいい。まずは八時間の睡眠を差し引いて、残りの一六時間をどう使うかを考えるべきなのだ。「仕事をして残った時間で眠る」のではなく、「十分な睡眠を取って、残った時間で働く」のが正しい。

そうやって睡眠時間の確保を優先すれば、自然と残業はなくなる。毎日「ベッドにもぐり込む時間のデッドライン」を決めて生活するのが、仕事の能率を上げるためのベースになるということだ。「睡眠不足」→「気力・体力の減退」→「能率ダウン」→「残業」→「睡眠不足」……という悪循環を断ち切るには、そこから始めるのがいちばんだろう。おかしない方になるが、ある意味で、日本人は「もっと勤勉に眠る」べきなのだ。

ホワイトカラー・イグゼンプションより「残業ゼロ」が先

残業をゼロにすべきだという私の主張は、まだ日本の経済界では「暴論」だと思われているらしい。

しかし、ブルーカラーに比べて低いといわれているホワイトカラーの生産性を上げるには、残業を追放して日々の「デッドライン」を明確にするのがもっとも手っ取り早いと私は信じている。

ホワイトカラーの生産性が低いのは、ブルーカラーよりも労働時間が曖昧だからだ。「残業すれば終わる」という意識があるかぎり、定時までに必死で片づけようとはしない。私の経験からいうと、残業をしないほうが、仕事の効率は間違いなく上がるのだ。

厚生労働省が主導する労働時間制度の見直し論議の中で、日本経団連は「ホワイトカラーの一部を労働時間規制の対象から外すべきだ」と主張している。いわゆる「ホワイトカラー・イグゼンプション」だ。それぞれの人間が自ら働く時間を決める、自律的な労働が必要だというのである。

その理屈自体は、わからなくもない。だが、勤勉さ、協調性、組織への忠誠心といった日本人の気質を考えると、その導入は時期尚早だろう。上司や同僚が会社に残っているときに、自分だけ先に帰ることができる人間がどれだけいるか、私にははなはだ疑問だ。そういう職場にホワイトカラー・イグゼンプションを導入すれば、ますます長時間労働やサービス残業を助長することにしかならないだろう。

それより、まずはデッドラインを導入することによって仕事の効率化を図り、残業をなくすことが先決だ。

最初から誰も残業しないとわかっていれば、人より先に帰ることに罪悪感を抱くこともないだろう。そういう状況が実現してからホワイトカラー・イグゼンプションを採用すれば、「不払い残業」ではなく、逆に「有給早退」さえできるようになるはずだ。

効率よく仕事を片づけてしまえば、午後三時に帰宅しても何の問題もない。これまでは仕事のできる人間ほど会社に長く居座るイメージがあったが、今後は「仕事のできる奴ほど早く帰る」ような社会になるべきだろう。

「デッドライン」が「デッドエンド」を打ち破る

また、いまの政府がなかなかプラグマティックな対策を打ち出せていない問題の一つに「少子化対策」があるが、残業の撤廃はこれにも有効だと私は考えている。

少子化の原因はいろいろあるが、その一つが「働く女性」が結婚や出産をしにくいことであるのは間違いないだろう。

というのも、これは長年にわたって自分の会社の女子社員を見てきた私の実感でもあるのだが、仕事に対するモチベーションやプライドの高い女性ほど、男性との「競争」を意識して、負けじと残業をする傾向がある。そのために「ライフ（私生活）」の時間が取りづらくなり、結婚が遅くなりやすいのだ。

たとえ結婚しても、子どもを産むと仕事との両立は難しい。保育施設を利用していても、そう頻繁に残業はしにくいだろう。仕事を優先したい女性は、出産を諦めるか、そもそも結婚しないことを選択するケースが多いのである。

だから、残業をゼロにできれば、結婚や出産に対するハードルは一気に下がるに違いない。そもそも女性たちは、男性と違って、残業が「勤勉さの象徴」とは思っていない。いまは男性と同じ土俵で競争するために残業をしているだけで、本当は、もっと公私のメリハリをつけた生活のほうがカッコイイと感じている。

会社ではバリバリと仕事をこなし、定時になったらサッサと退社して楽しく遊ぶ。そこで良い男性と出会って結婚したら、子育てと仕事をきちんと両立させて、有給休暇もしっかり取る。ワーク・ライフ・バランスを大事にする意識は、女性たちのほうがはるかに高いのだ。

昨今は、野性味に欠ける「草食系男子」が増えている一方で、アグレッシブな「肉食系女子」が増加中ともいわれている。企業の人事担当者も、ずいぶん前から異口同音に「若い世代は男より女のほうが使える人材が多い」といっていた。ならば、その女性たちの感覚に合致したシステムを積極的に採用したほうが合理的だともいえるだろう。

それはともかく、少子化による人口減少は日本の国力を左右する大問題だ。その解決に多少なりとも有効だとすれば、「残業ゼロが日本を救う」といっても決して大袈裟《おおげさ》ではない。それに加えて、ホワイトカラーの生産性が上がり、睡眠時間が確保され、自殺者も減少する可能性が高いのだから、良いことずくめだ。

そして、この「残業ゼロ」を実現する上で欠かせないのが、「デッドラインの発想」である。あらゆる仕事にデッドラインをつけて進める習慣が日本人に根づけば、政治家の働きぶりも変わることだろう。いつまで経っても懸案に「結果」を出さずに問題を積み残すのは、彼らの「残業」のようなものだ。それをなくすには、国民の側が政治家にデッドラインを突きつけ、それを守れない人間が淘汰されるようにしなければいけない。

もう何年も前から、日本社会は「閉塞状況」にあるといわれている。麻生首相の衆議院解散は、「デッドエンド（行き止まり）解散」などと呼ばれた。日本全体が、どうにも前に進めないような息苦しさに包まれているようだ。

こういう「与えられた状況」でこそ、国から個人にいたるまで、確実に一歩ずつ前進していくようなプラグマティックな姿勢が必要ではないだろうか。「デッドエンド」に突き当たることなく未来を切り開くには、「デッドライン」の発想が生み出す推進力、決断力が欠かせないのである。

切りとり線

★読者のみなさまにお願い

この本をお読みになって、どんな感想をお持ちでしょうか。祥伝社のホームページから書評をお送りいただけたら、ありがたく存じます。今後の企画の参考にさせていただきます。また、次ページの原稿用紙を切り取り、左記まで郵送していただいても結構です。

お寄せいただいた書評は、ご了解のうえ新聞・雑誌などを通じて紹介させていただくこともあります。採用の場合は、特製図書カードを差しあげます。

なお、ご記入いただいたお名前、ご住所、ご連絡先等は、書評紹介の事前了解、謝礼のお届け以外の目的で利用することはありません。また、それらの情報を6カ月を超えて保管することもありません。

〒101―8701（お手紙は郵便番号だけで届きます）
祥伝社新書編集部
電話03（3265）2310
祥伝社ホームページ　http://www.shodensha.co.jp/bookreview/

★本書の購買動機（新聞名か雑誌名、あるいは○をつけてください）

＿＿＿＿新聞の広告を見て	＿＿＿＿誌の広告を見て	＿＿＿＿新聞の書評を見て	＿＿＿＿誌の書評を見て	書店で見かけて	知人のすすめで

★100字書評……デッドライン決断術

名前

住所

年齢

職業

吉越浩一郎　よしこし・こういちろう

1947年千葉県生まれ。ドイツ・ハイデルベルク大学留学後、72年に上智大学外国語学部ドイツ語学科卒業。極東ドイツ農産物振興会、メリタジャパンを経て、83年にトリンプ・インターナショナル（香港）に入社。87年にトリンプ・インターナショナル・ジャパンの副社長、92年に社長に就任。トリンプを19年連続増収・増益に導き、2006年退任。現在は講演・執筆の分野で活躍中。著書に「デッドライン仕事術」、「『残業ゼロ』の仕事力」、「英語をやっていて、本当によかった。」等多数。

デッドライン決断術《けつだんじゅつ》
ムダな仕事《しごと》はネグれ！

吉越浩一郎《よしこしこういちろう》

2009年10月5日　初版第1刷発行

発行者……………竹内和芳
発行所……………祥伝社しょうでんしゃ
〒101-8701　東京都千代田区神田神保町3-6-5
電話　03(3265)2081(販売部)
電話　03(3265)2310(編集部)
電話　03(3265)3622(業務部)
ホームページ　http://www.shodensha.co.jp/

装丁者……………盛川和洋
印刷所……………萩原印刷
製本所……………ナショナル製本

造本には十分注意しておりますが、万一、落丁、乱丁などの不良品がありましたら、「業務部」あてにお送りください。送料小社負担にてお取り替えいたします。

Printed in Japan　ISBN978-4-396-11175-5　C0234

〈祥伝社新書〉
「資本主義」の正体がわかる1冊

063
1万円の世界地図
図解　日本の格差、世界の格差
1万円の価値は、国によって千差万別。「日本人は幸福か?」をデータで検証!
科学ジャーナリスト　佐藤　拓

066
世界金融経済の「支配者」
その七つの謎
金融資本主義のカラクリを解くカギは、やはり「証券化」だった!
経済ジャーナリスト　東谷《ひがしたに》　暁《さとし》

086
雨宮処凛《かりん》の「オールニートニッポン」
若者たちは、なぜこんなに貧しいのか?——歪《ゆが》んだ労働現場を糾弾する!
作家　雨宮処凛《かりん》

121
「自分だまし」の心理学
人は、無意識のうちにウソをつく。そうやって自分を守っているのだ!
信州大学准教授　菊池　聡

122
小林多喜二名作集「近代日本の貧困」
『蟹工船』だけじゃない。さらに熱く、パワフルな多喜二の世界を体験せよ!

〈祥伝社新書〉
日本史の見方・感じ方が変わった!

038
龍馬の金策日記
維新の資金をいかにつくったか
革命には金が要《い》る。浪人に金はなし。えっ、龍馬が五〇両ネコババ?
歴史研究家 竹下倫一《ともかず》

068
江戸の躾《しつけ》と子育て
教育、遊び、子育てをめぐる「しきたり」……もうひとつの江戸文化を紹介!
作家 中江克己

101
戦国武将の「政治力」
現代政治学から読み直す
小泉純一郎と明智光秀は何か違っていたのか。武将たちのここ一番の判断力!
作家・政治史研究家 瀧澤 中《あたる》

127
江戸の下半身事情
割床《わりどこ》、鳥屋《とや》、陰間《かげま》、飯盛《めしもり》……世界に冠たるフーゾク都市「江戸」の案内書!
作家 永井義男

143
幕末志士の「政治力」
国家救済のヒントを探る
乱世を生きぬくために必要な気質とは?
作家・政治史研究家 瀧澤 中

〈祥伝社新書〉
「できるビジネスマン」叢書

015
部下力
上司を動かす技術
バカな上司に絶望するな！ 上司なんて自由に動かせる！
コーチング専門家
吉田典《てん》生《せい》

095
デッドライン仕事術
すべての仕事に「締切日」を入れよ
仕事の超効率化は、「残業ゼロ」宣言から始まる！
元トリンプ社長
吉《よし》越《こし》浩一郎

105
人の印象は3メートルと30秒で決まる
自己演出で作るパーソナルブランド
話し方、立ち居《い》振《ふ》る舞《ま》い、ファッションも、ビジネスには不可欠！
イメージコンサルタント
江木園《その》貴《き》

133
客観力
自分の才能をマネジメントする方法
オレがオレがの「主観力」や、無関心の「傍観力」はダメ！
プロデューサー
木村政雄

135
残業をゼロにする「ビジネス時間簿」
「A4ノートに、1日10分」つけるだけ！ 時間の使い方が劇的に変わる！
時間デザイナー
あらかわ菜《な》美《み》